会社のお金を増やす

攻める経理

税理士法人　町田パートナーズ　代表社員
千葉商科大学　客員講師
町田孝治

フォレスト出版

はじめに

経理が変われば、会社が変わる

はじめまして。

税理士法人　町田パートナーズ代表の町田孝治です。

最初はたった1人で始めた会計事務所でしたが、開業から13年、おかげさまで延べ１０００社の中小企業と取引させていただき、これまで見てきたお客様の売り上げも５００億円にもう少しで手が届くほどになりました。

また、多いときには年間１００件近い創業支援もさせていただいています。

「社長の夢の全力応援団」をモットーに、税務・経理処理だけでなく、人間関係の課題や生産性・業務効率の向上、ＩＴ推進など、経営上のあらゆる問題を「数字のプロ」としての観点から解決し、お客様が本業の発展に専念できるよう、全社員一丸となって力を尽くしています。

そんなふうに文字通り「全力応援団」としてお客様をサポートし、自分自身も経営者として様々な紆余曲折《うよきょくせつ》を経験する中で気がついたことがあります。

経理が変われば、会社は劇的に変わります。

会社のお金を知り尽くしている経理は、社長の経営判断を左右する情報を握っています。

社長と経理が心を一つにして会社のビジョン達成に知恵を絞れたら、会社はどんどん成長を遂げ、社会に貢献できるばかりか、社員も笑顔で働けるようになります。

漫画『ワンピース』で、主人公のルフィが仲間たちと力を合わせて目的地を目指すように、社長と経理はそれぞれの強みを活かしながら会社という船を動かす大切な「仲間」なのです。

社長と経理の不幸な関係

しかし、現実はどうもそうなっていないことが多いようです。

社長と経理が同じ目標に向かってともに進んでいくような関係がなかなか築けていないのではないか……という気がしてなりません。

職業柄、これまで大勢の社長にお会いしてきましたが、**「数字を経営に活かせていない」社長が非常に多い**ということを実感しています。

社長が数字を自由に使いこなすことは、経営方針を決めるうえでも、PDCA（事業活動における生産管理や品質管理などの管理業務を円滑に進める手法の1つ）を回すうえでも、銀行に実績を説明する場面でも、また、社員にビジョンを熱く語るシーンでも、ものすごく大きな力になるにもかかわらず、です。

その原因が、社長が「数字に弱い」ことにあるとすれば、あらゆる状況に効く数字の提示を「数字に強い」経理に求めればいい話です。経理にはその力は十分にあるはず。けれども、経理がその力を十分に発揮するチャンスをどうやら与えられていないようなのです。

また、「何かやりたいことがあっても、いつも経理に反対される」という印象を社長が抱えているケースもあります。

しかし、経理にしてみれば、「社長は現実を見ないで、いつも無茶な指示ばかりしてくる」と、ため息をついていたりします。

このように、社長と経理は「お互いの強みを活かし合い、ともに夢に向かう仲間」

というより「相手のことを永遠に理解できない関係」になってしまっていることが多いのです。

一方、経理の側も「数字のプロ」としての役割にこだわりがあるがゆえに、「自分の仕事は数字をミスなく作ること」がゴールだと思いこみ、そこでストップしてしまっていることが少なくありません。

たしかに、数字を作ることそのものがとにかく大変であるうえに、その作業には多大な時間と集中力がかかり、さらには専門性が必要です。

ですから、経理が「数字をミスなく作る」ことが自分の仕事のゴールだと考えてしまうのも当然ではあります。

しかし、**会計数値は「出来上がったら終わり」ではなく、出来上がった数字を経営に活かすことが本来の目的**です。ただ数字を作るだけでは、目的の半分しか達成できていないことになります。

数字を経営に活かせていない社長。

数字を作ることだけがゴールになってしまっている経理。
そして、相手のことを永遠に理解できず、不満がたまるような不幸な関係。

これでは、せっかくの数字も「宝の持ち腐れ」になりかねません。
だとすれば、非常にもったいない話です。

では、どうすれば社長と経理がビジョン達成のために力を合わせられるようになるのでしょうか。

私が出した結論は、本書のタイトルになっている「攻める経理」です。
経理が「攻める」ことに目覚めれば、社長は鬼に金棒ですし、経理自身もこれまでにない充実感と達成感を得られます。

「あなたの成長が世界の希望の光になる」、これは、弊社の教育方針です。
そして、同じように、

「経理の成長は会社の希望の光になる」

私は一片の疑いもなく、そう信じています。

社長は夢の実現に向かって必死で走り続けていますが、ともすれば目の前の対処に追われ、目的地に向かう道のどこを走っているのか見失ってしまうことがあります。

そんなとき、経理が数字を示して「社長、夢の実現まであとこれくらいです」「今、この地点にいます」と現在地を示し、現場に埋もれる社長に数字を使って客観的な方向を示していけたらどうでしょう。

これは、数字の力を知り尽くしている経理だからこそできることです。

そして、経理が「攻め」に転じられるようにするためには、まず社長が意識を変える必要があります。

もし「経理＝守り」としか思っていないのだとしたら、経理が守備だけでなく「攻める部署」としても活躍できることを理解し、社長も経理から数字を学び、経理も社長から経営を学ぶ、そんな関係性に向けて社長が自ら経理に働きかけていきましょう。

そんなふうに社長の意識が変われば、社長と経理は「仲間」としてかけがえのない関係を結べるはずです。

社長と経理が強力タッグを組めば、その会社で働く社員たちも前向きに、その仲間に加わってきます。

「攻める経理」は、それぐらいパワフルに会社と社会を変えていく力を持っているのです。

私が会計士になった理由

なんだか最初から大きな話になってしまいましたが、本題に入る前に、そもそも私がなぜ会計士になったのか、少し自己紹介をさせてください。


私の父は税理士でした。私は幼い頃から税理士として働く父の背中を見、会計や税務に関する専門用語が常に飛び交う環境で育ちました。

けれども、最初は会計士になるつもりは全くありませんでした。

4歳上の兄が会計士試験に合格し、父の事務所を継ぐことはわかっていたので、「自分は兄とは違う道を歩もう」と思っていたのです。

早稲田大学理工学部の経営システム工学科（名称は当時）に進み、理学的なアプローチで経営工学を学ぶことにしました。

それでも、やはり蛙《かえる》の子は蛙なのでしょうか。

大学3年のとき、「家族みんな会計をやっているんだし、簿記3級くらい取っておこう」と、ごく軽い気持ちで会計の勉強を始めました。

ところが、会計を学ぶほど、無味乾燥に見える決算書の「数字」がにわかに意味を帯びてきました。

決算書は現実のビジネスを写し鏡のようにありのままに示してくれます。数字が目の前でいきいきと動き出し、私にメッセージを送ってくるかのようでした。

そんなふうに数字を通して現実のビジネスを理解するおもしろさに魅了された私は、理系のキャリアを捨ててしまうほど、どんどん会計の勉強にのめりこんでいきました。

興味本位で始めた会計の勉強でしたが、大学4年のとき、父が急逝したことで、気持ちが変わりました。

「本気で公認会計士を目指そう」と一念発起したのです。

そして、大学卒業の半年後に公認会計士の試験に合格することができました。

会計監査人という仕事

社会人としての最初のキャリアは、大手監査法人での会計監査でした。担当したのは、誰もが名前を知っているような一流上場企業ばかりで、6年間みっちり、会計監査の実務経験を積みました。

社員1人1人がプロフェッショナルとして高い専門性を持って働く環境は刺激的でしたし、多くを学ぶことができました。

けれども、私は次第に「自分には合わない仕事かもしれない……」と疑問をもつようになっていきました。

会計監査は社会正義のための本当に意義深い仕事であることは間違いないのですが、現場の実作業は要するに間違い探しであり、すでに出来上がっている数値を改めて確認し、ミスを見つけることでした。

ミスを見つけると、「よくやった」と上司に褒められますが、お客様である会社の経理としては大問題で、場合によっては現場で大変にお世話になった担当者に大きな処分が下されることもありました。

また、監査人は中立の立場を貫かなければなりません。

いくらよかれと思っても、お客様の経営に口出しすることはできないのです。情が移ると中立でいられなくなるため、「クライアントと仲良くなりすぎてはいけない」という面もあります。

「もっとお客様の立場に立って仕事がしたい」

私は次第にそんな思いを抑えられなくなっていきました。

目の前のお客様の幸せのために自分のすべての力を、何の遠慮もなく注ぎこみ、直接喜んでいただける仕事がしたい。届いても届かなくても全力を出し切りたい。

そして、私は独立を決意しました。

退職して自ら会計事務所を立ち上げたのは、２００６年９月。私が31歳のときのことでした。

それからずっと、「社長の全力応援団でありたい」という開業当初の私の願いは変わることはありません。本書を執筆しようと思ったのも、

「幸せな会社を増やしたい」

「そのために、社長と経理が最高の仲間となり、お互いの強みを発揮し合ってほしい」

という強い願いが根底にあります。

数字の計り知れない力を手にしよう

数字には計り知れない力があります。
時に残酷な事実を突きつけたり、
時に一歩を踏み出す勇気を与えてくれたり、
時に力強い説得力をもたらしたり、
時に夢物語を現実化してくれたり、
そんな数字の力を、日本のすべての社長の武器にしてほしいと思います。

経営者として、企業活動を継続し、雇用を生み、利益を出し続けていくことは、誰にでもできることではありません。

しかし「数字を経営に使おう」という意思と「どのように使うべきか」というガイダンスがあれば、数字を経営に活かすことは、誰にでもできることです。

数字を通して全体を見る。
数字を通して現場を見る。
数字を通してハッと我に返る。

こんなふうに数字を経営に活かすことができれば、一気に経営の舵取《かじと》りがやりやすくなります。

このとき、経理が数字に基づいた適切なアドバイスをし、社長を夢の目的地まで導いてくれるのだとしたら、これほど心強いことはないでしょう。

「攻める経理」の存在意義はそこにあります。

経理のイメージを劇的に変える

私の人生のミッションは、「社長の夢の全力応援団」です。

もし本書を手に取ってくれているあなたが社長だとしたら、あなたの夢をかなえるために、ぜひ本書を役立ててほしいと思います。

あるいは、あなたは「もっと会社に貢献できるような経理ができないか」と考えている経理担当者かもしれません。本書では、経理を最適化するＡＩ（人工知能）を活用した、新しい時代の経理として活躍するヒントについても詳しく述べています。

ＡＩの驚異的進化に伴い、「自分の仕事がなくなるのではないか」という不安をもっている人も多いようですが、「攻める経理」では、ＡＩを使いこなして、あんなこと、こんなことまでできるようになる、数字のプロとしての価値が何倍にも跳ね上がる経理像を示しています。

また、管理職やチームリーダーのポジションにある方々にも本書を手に取っていただき、これまで私が培ってきた数字のメッセージを拾い上げる方法や、それをより深く読み解く技術をしっかり伝えていきたいと思います。

さらに、同業者である税理士や会計士の方々にも読んでいただき、一緒に会計事務所のバージョンアップを展開していけたらと願っています。

「攻める経理」とは何か。

具体的に何をすればいいのか。

ＡＩを経理に活かし、時代の転換期をどう生き抜いていくか。

本書を読み終わる頃には、経理のイメージが変わり、これからの時代の経理の役割、そして幸せな会社の将来像がくっきりと浮かび上がっているはずです。

会社のお金を増やす　攻める経理　目次

第2章 社長と経理の不幸な関係

第3章 これからのテクノロジーが経理にもたらすもの

おわりに

第1章

「攻める経理」をイメージしよう

数字を味方につける重要性

「利益は上がるのにお金が貯《た》まらない」
「売り上げが伸びているのに資金繰りが厳しい」
「給料は上げているのに、なぜか社員が辞めていく」
「創業時の夢に近づいているのかどうかわからない」
「業務を効率化したいが、システムを入れても逆に効率が悪くなっている」
「新規事業に打って出ても大丈夫かわからずに、いつも手遅れになる」

社長は日々、様々な経営上の悩みを抱えています。けれども、ただ漠然と思い悩んでいても、思考がぐるぐる回るだけでいつまで経っても解決に結びつきません。

頭の中で漠然としている悩みから課題を見つけ出し、その対策を考え、行動し、解決していくには、どうしたらいいのでしょうか。

そんなとき、「武器」になるのが数字です。

そして、数字が解決してくれるのは、悩みだけではありません。


「従業員が幸せに満ちて働く会社にしたい」

「年商100億円企業になりたい」

「自分たちの商品やサービスで社会を良くしたい」

「世界の幸せに貢献したい」


社長の心の中には、悩みだけではなく夢もあります。

夢を実現するために、カリスマ経営者である必要はありません。

数字を味方につけ、使いこなすことができれば、誰でも、どんな大きな夢でも現実にできるのです。

経理は会社の「守り」と「攻め」の要《かなめ》

会社の中で「数字のプロ」といえば、経理です。

そして、社長が数字を自由自在に使えるようになるためには、経理というナビゲーターが絶対に必要です。

数字のプロとして会社にとって必要な数字を出し、現在地点を示すとともに、数字によって目的地への道を描き出す。

これは、経理にしかできない仕事です。

本書では、そうした経理の役割に着目し、「攻める経理」と名付けました。

「攻める経理」と言われて、「え!? 経理の役割は守ることじゃないの?」と思うかもしれません。「経理の仕事は決算の数字を作ることでしょ」と決めてかかっているのだとしたら、それは半分正しくて、半分間違っています。

経理は単に決算書を作るだけでなく、「数字のプロ」として、数字からわかる情報を抽出しメッセージとしてわかりやすく伝え、活用することで、会社全体を変えていくことができる立場にいます。

その立場を活かさないのは、非常にもったいないことです。

一般的に、「攻める」とは、未来を切り開き、新たなイノベーションを起こし、サービスを生み出すこと。部署で言うと企画・営業でしょうか。

また、「守る」とは、過去にフォーカスして数値を集計し、資金繰りを守り、不要な支出を抑えること。金庫番的な総務・経理がイメージされます。

けれども、経理ができるのは「守り」だけではありません。**経理こそ「攻める」ことに目覚めるべき**なのです。

たしかに、一般的な経理の仕事は「守り」をイメージさせます。

過去の数字に間違いがないか。

資金繰りが滞りなく進められるか。

そして、無駄なコストを防ぐ金庫番というイメージはまさに「守り」の要です。

どれも、経理の仕事には重要なことばかりです。これらのことから「攻める」を連想するのは難しいでしょう。

経理担当者だけでなく経営者側も「経理は守りの部署」と頭から決めてかかっていることが多いのではないかと思います。


会社というものは「つぶれない」ことが大前提です。

そのために、守りをしっかり固めることはものすごく重要です。

けれども、「経理は守りだけやっていればいい」というのも違います。

そもそも、「守り」にしても経理だけでできるものではありません。営業だって、企画だって、どの部署にいても連携して「守り」に回る場面があるはずです。

同じように、「攻め」にしても当然経理だけでできることではありません。会社全体での「攻め」について、経理として積極果敢に力を発揮するというイメージが必要です。

そんな意味で経理が臨機応変に「守り」と「攻め」を選択し、状況に応じて「守り」を固め、あるいは積極果敢に「攻め」てこそ、会社は劇的に躍進することができるのです。

たとえば、高校野球の強いチームと弱いチームを見てみます。

弱いチームの場合、個人プレーのつながりで終わってしまいます。ピッチャーが投げて、三塁線に打球が飛び、サードが捕球して一塁に投げてアウトになる。こんな場面では、ピッチャーは投げに徹し、サードは守りに徹し、ファーストも役割を果たしています。

しかし、それだけでは強いチームには勝てません。

同じ場面で、強いチームはどうでしょうか？

概して強いチームは、スタープレーヤー1人がワンマンで引っ張っていく姿に目を奪われがちですが、チーム全体で強いのが特徴です。

ピッチャーが投球フォームに入ると、内野手はどこに打たせようとしているのか予測し、守備位置を微妙に調整して待ち構えます。その動きを察知して外野手も連動します。三塁に打球が飛ぶとサードのバックにはバックアップにレフトが守備に回り、捕球して一塁に投げるとファーストの後ろにも当然バックアップでライトが入ります。

このように、同じ守る場面でも「こっちにボールが来てないから自分には関係ない」ということはなく、全員で意識を合わせて守っています。どのポジションにいても、「チーム」の勝利のために、お互いに協力して、臨機応変に動いているのです。

同様に、自分の守備範囲で数字を出すことだけが経理の仕事ではなく、全社に連動して時には守備範囲を超えた領域まで積極的に出ていくことが必要なのです。

その観点から、経理が貢献できるポテンシャルは非常に大きいといえます。

経理が「守り」の要であるのは、言うまでもありません。

では、経理はどう「攻め」の要になるのでしょうか。

数字の力を活かす経理とは

経営では、必要なときに必要な数字をそれぞれの部署や担当者にパスすることが大事です。もしそのパスが一瞬でも遅れたら、場合によっては会社にとっての命取りになりかねません。

会社の数字は日々刻々と変化します。

一度作った数字も、それがずっと同じということはありません。

そして、変化し続ける数字を、会社の状況を踏まえて正しく把握しているのは誰でしょうか。

経理をおいて、他にありません。

経理だけが「数字を経営に活かす」というオプションをもっている唯一無二の存在なのです。

そんな経理としての強みを活かし、経営に貢献していく。

それが経理の「攻め」です。

たとえば、営業から上がってきた数字を社長にパスし、なぜ売り上げが伸びているかの分析に活用する。

あるいは、毎月の数字から将来を予測し、借り入れを行うタイミングと金額を予測する。

新しいプロジェクトを始めるときには、予測のプロジェクト損益を試算し、会社の体力としていくらまでならこのプロジェクトで赤字を出せるかという「防御線」を見極める。これはネガティブな発想に見えますが、実は「ここまでなら攻められる」と力強く社長の背中を押すことになります。

こうした数字の裏付けがなければ、社長はどこかに不安を残したままということになります。

それでは、思い切った決断などできません。

社長と経理がタッグを組めれば、経理からパスされてきたこれらの数字を元に、それまで直感で判断していた社長も、単なる思いつきではない、会社にとって最善の経営判断ができるようになっていきます。

つまり、数字が社長の判断を支え、社長の行動を変えていくのです。数字は社長の自信につながり、社長は数字という武器を手に入れることで、自由自在な経営ができるようになっていきます。

数字は嘘をつきません。淡々と、客観的に事実を語ってくれます。現在の会社の実態をあぶり出すと同時に、様々な経営判断の指標となってくれます。そんな数字のメッセージを誰よりも早く、真っ先に受け取るのは経理です。その受け取ったメッセージを活かすも殺すも経理次第なのです。

経理が持つ「宝の山」

最近、「ビッグデータ」という言葉をよく耳にします。

ＡＩの進化によってとてつもなく大量で多様な情報の処理が可能になった現在、「ビッグデータ」を使うことで、新しいビジネスチャンスを生み出したり、マーケティングに活用したり、効果的な広告の打ち方をしたりなど、様々な展望が開けるようになりました。

そのため、多くの企業がビッグデータの収集に躍起になっています。

いわば、ビッグデータは宝の山なのです。

そして、会社においては、経理が把握している数字が「ビッグデータ」という宝の山といえます。

鉛筆1本の領収書に始まり、経理が作る仕訳には会社のすべての行動がつぶさに記録されています。

会計はビジネスの写し鏡です。現実のビジネスで起きている一挙手一投足を経理は数字に変換します。数字の情報量という点で、経理は圧倒的に優位に立っているのです。

しかし、目の前にあるせっかくの宝も、作るだけで精いっぱい、ただ持っているだけでは、価値を生み出すことはできません。

宝の持ち腐れにならないためには、「どういう切り口で数字を使うか」という発想が必要です。

もし、今まで会社全体でしか数字を見ていなかったのだとしたら、もっと様々な切り口で数字を作れることにぜひ気がついてほしいと思います。

たとえば、売り上げであれば、部門別はもとより、

- プロジェクト別、チーム別、個人別
- 客数×単価に分解

- 地域別、商品別、お客様別
- 時系列、気候との関連

など、いくらでも切り口が出てきます。

このように、数字を細かく分析していくことで、全体の売り上げだけではわからなかったことが見えてきます。

「営業の売り上げは伸びているけれど、商品別で見ると、黒字と赤字の差が随分あるな」ということがわかったら、採算が悪い商品のテコ入れをしたり、販売を止《や》めたりするなどの選択肢も考えられるようになります。

また、「このお客様の売り上げがこんなに高いのは、なぜなんだろう?」「この営業マンを他の営業のモデルにしてノウハウを共有しよう」「生み出している付加価値が高いものを中心に活動しよう」などと様々な分析にも使えますし、投資や資金繰りの判断材料にすることもできます。

「経費削減」だけでは乗り切れない

現在、日本の中小企業は大きな時代の変わり目に立たされています。

キーワードは「生産性の向上」です。

２０１７年に法制化された「働き方改革」によって、企業における生産性の向上がよりクローズアップされるようになりました。

子育てや介護などを考慮した、柔軟で多様な働き方は、これからますます一般的になっていくでしょう。

これからの経営者には、社員が毎日遅くまで残業しなくても、限られた時間でどう仕事をこなせるようになるかという観点が求められます。

また、労働者人口の減少は、人手不足を深刻なものにしています。今後、日本の少子高齢化・人口減少に伴い、人手不足解消はますます重要なミッションになっていくでしょう。

その意味でも、生産性の向上はもはや待ったなしで取り組むべき課題です。無駄を見直すというと、「経費削減」などと締め付けに走りがちですが、もはや「経費削減」だけでは乗り切れないということを、実感していらっしゃることも多いことでしょう。

その通り、本書で提案する「攻める経理」は、もっと別の視点から生産性向上を実現していきます。

第1のステップは「最も効率的に数字を作る」

「攻める経理」のことを、弊社では「経理の最適化」と呼んでいます。

「経理の最適化」とは私の造語ですが、**「最も効率的に数字を作り」「最も効果的に数字を使う」**、その組み合わせのことを指しています。

数字を積み上げていき完成させるところまでは、誰がやっても同じ答えが出ます。ここはトコトン効率化をする。これが「最も効率的に数字を作る」というプロセスです。

そうして出来上がった数字をいかに経営に活かしていくか、これが「最も効果的に数字を使う」ということです。

「最も効率的に数字を作る」は「攻める経理」の第1のステップです。

そして、「最も効率的に数字を作る」ために必須《ひっす》となっていくのが、ＩＴ、クラウド、ＡＩ、ＲＰＡ（Robotic Process Automation）などのテクノロジーの活用です。

経理の現場にも徐々にＡＩが導入されつつありますが、ＡＩの強みを活かしきれているケースはまだまだ少ないように思います。

それどころか、ＡＩというと、「自分の仕事が奪われるのでは」という不安のほうが強いようです。

しかし、ＡＩが得意なことと人間が得意なことは違います。

ＡＩに任せるべきところはＡＩに任せ、人間は人間がやるべき仕事にもっと集中し、「ＡＩを使いこなす」立場に立ってこそ、「仕事を奪われる」どころか、より高い付加価値を生み、充実した良質な仕事ができるようになります。

ＡＩによる「経理の最適化の時代」はすぐそこまで来ています。そのときになって慌てるのではなく、ＡＩの強みを活かした経理とはどのようなものか、実際に活用を進めることが望ましいといえます。

第3章で、経理の本質を理解したうえでどうＡＩを使いこなしていくか、そのノウハウも詳しくお伝えしたいと思います。

「経理＝攻めの司令塔」であることに目覚めよう

第2のステップは、「最も効果的に数字を使う」です。そして、ここにこそ経理が「攻め」となれる世界が広がっています。

経理は決算書や経理資料を通して自社のビジネス全体を見ることができます。会社の中の部署として経営陣を除けば、唯一「全体を俯瞰《ふかん》して見る」ことができ、同時に「詳細に分析する材料も持っている」部署になります。

空港の管制塔のように、飛行機の離着陸や地上で起きていることを少し高い位置から全体を俯瞰して把握できる立場にあります。

「ミスなく数字を作る」という「守り」の役割は、今後、ＡＩなどの機械に任せることになっていくでしょう。

しかし、数字が発信しているメッセージを聞き取り、そのメッセージを情熱をもって届けることは、数字のプロである経理にしかできません。

経理というと「ルーティン」というイメージが強く、経理担当者自身も「経理はルーティンワーク」と思い込んでいるかもしれません。しかし、私は経理ほど「クリエイティブ」な可能性を秘めた仕事はないと思っています。

安定的に利益を出し続け、社長も社員も幸せになり、夢を実現させる。そのために数字の力を使いこなす。

そんなふうに経理がクリエイティブに「攻める部署」であるということを、社長もそして経理担当者自身も気づいてほしいと思います。

しかし、経理が「攻める」ためには、社長や経理が抱える問題、そして顧問税理士との関係など、解決すべき様々な障壁があります。

たとえば、「攻める経理」の第1のステップである「最も効率的に数字を作る」ことを阻んでいるのは、次のような経理のやり方です。

- 入力など、アウトソースや自動化できる仕事に多大な労力をかけている。

- 「このやり方しかない」とこだわるあまり、他の人に任せられない仕事のやり方をしている。
- 自分にしかわからない複雑なエクセルシートを多用し、属人化につながっている。
- 1人1人が自分の力で頑張らないと効率化できない仕組みになっている。
- クラウド会計ソフト、OCR（光学文字認識）、AI活用、アウトソースなど、作業時間を劇的に減らせる便利なテクノロジーに背を向けている。

これらのうち、1つでも当てはまるなら、今こそ改善のチャンスです。

他にも、経理の力を発揮しきれていない「残念な経理」が様々な場面で見られます。第2章では「どうしてこのようになってしまうのか？」「どのように『攻める経理』につなげていくのか？」について見ていくことにしましょう。

第2章

社長と経理の不幸な関係

経理担当とこんなやり取り、していませんか？

まず、「こんな経理のやり方で大丈夫？」という残念なパターンをいくつか紹介していきたいと思います。

読んでみて「あ、これはうちの会社のことだ」と思い当たる節があるなら、この章以降に書いてあることを参考に、今すぐ改善に向けて動き出しましょう。

パターンその1
すぐ「それはできません」と言う経理

「経理は難しい」「数字はよくわからない」という社長にとって経理は、会社のすべての数字を任せている存在です。そのため、社長の唯一の弱点にもなり、見方によっては社長より優位に立っている存在とも言えます。

たとえば、こんなやりとりが経理との間で交わされたことはありませんか？

あるいは、もしあなたが経理だとしたら、こんなふうに答えてはいないでしょうか？

❶社長「新しいプロジェクトを始めたいんだけど、プロジェクトの経理まわり試算をお願いできるかな？」

経理「今の人数では無理です。増員して仕事を引き継がないと、とてもできません。新しい人が入社したとして、引き継ぎ期間が半年は必要なので、10ヶ月後なら可能です」

❷社長「月次決算をもう少し早くしたいんだけど、どのくらいでできるかな？」

経理「1ヶ月はかかります」

社長「もっと早くできない？」

経理「まず、請求書の回収に〇日くらいかかり、次に給与の確定に〇日、そして店舗からの報告が上がってくるのに〇日はかかります。これ以上は早くできません」

❸社長「クラウドとかネットバンキングを使ってみたいんだけど」
経理「自動化しても結局、確認をしなければならないので、効率は上がりません。今のやり方が一番良いと思います」

こんな調子で、社長が何かやりたいと言っても、経理の厚い壁に阻まれてしまうという話をよく聞きます。

会社のトップなのですから「そんなこと言わないで、やってくれよ」と言えそうなものですが、経理の仕事や数字のことがよくわからないので、及び腰になってしまうのでしょうか。

「すべてを任せている経理がそう言うなら、無理なんだろう」とそれ以上強く出られず、引き下がってしまうことも多いようです。

たしかに、自分が専門ではない領域で「これでできるはずだから」と強硬に進めるのは、思い切りが必要だと思います。

しかし、経理は本当に「できない」から「無理です」と言っているのでしょうか？

もし、「できるけどやりたくない」「完璧《かんぺき》にできる自信がない」「面倒くさい」といった理由で「無理」と言っているのだとしたら……。

経理のそのひと言で会社は大きなチャンスを逃してしまっているかもしれません。

それで、本当にいいのでしょうか？

経理は「現状維持」が好き？

経理の仕事は、ミスがなくて当たり前の世界です。

ノーミスの状態を保とうと思えば、「現状維持が最も安全」ということになります。

今のやり方で正確に数字を出せているのに、違うやり方に変えてしまったら、正しいやり方であることを検証する必要があるうえに、前回と結果が同じかどうか確認する作業も必要で、作業は倍になります。

だから、今のやり方を変えるような新しい提案は歓迎しない。

それが、経理の基本的なマインドなのです。

これには、経理のような、ミスが許されない仕事を担当する人たちならではの特質も関係しているように思います。

弊社では、社内のコミュニケーションを円滑に進める一環として、社員に『ビジネス適正診断テスト』を受けてもらい、各々のビジネスにおける認識のスタイルを可視化しています。

もちろん状況によって特性は変わってきますが、テストを受けた時点でその社員が仕事をするうえで大切にしていることが大変よくわかります。

興味深いのは、経理担当者は一般的に「均質採択」という行動特性で非常に高いスコアを示していることです。

一般的なビジネスパーソンと比べると、経理担当者の多くは「均質採択」において2倍近くも高いスコアが出ます。

「均質採択」とは、同じことを実直に繰り返す能力が高いということです。「ミスがないのが当たり前」という世界での高いクオリティは「均質採択」に支えられているといえます。

会計士なのに「均質採択」のスコアが低い私は、会計の世界では変わり者なのかもしれません。その代わり、突出して高いのが「積極行動」「適時性」「進化採択」のスコアです。

この3つのスコアが高いということは、より良い形を作っていくために新しいことに挑戦したいという気持ちが強く、それを自ら体験しようとすぐに行動に出る、という性格を示しており、経営者に多い特徴といわれています。

どちらが良いということではなく、それぞれの仕事や役割に合った性格があるということです

その意味で、「均質採択」が高い人は経理担当者として適性があるといえます。

ただ、「均質採択」には「今のやり方を変える」ということに強い抵抗をもつという弱点もあります。

「石橋を叩《たた》いて渡る」ということわざがありますが、「均質採択」が高い人たちは、100回ぐらい石橋を叩いてみて、ようやく「渡ってみてもいいかな?」と思えるようになるという感じなのです。

経理は職人に似ている

経理の仕事の進め方は、どこか職人に近いところがあります。

まず、高度な専門知識や技術を必要とすること。

チームワークというより、1人黙々と自分の仕事をこなすこと。

正確性やミスのない「完璧さ」を目指すところ。

そして、担当者それぞれに「こうでなければいけない」という自分の「流儀」があること。

培ってきた「自分のやり方」こそが正しいと信じる頑固さも、職人に似ているといえます。

職人なら、それぞれに磨き上げた「自分のやり方」は強みになるかもしれません。

また、有能な社員であれば、「自分のやり方で全部1人でやったほうが早い」ということもあるでしょう。

けれども、会社という組織の中で「自分のやり方」に固執されると、いろいろ困ったことが出てきます。

「自分のやり方」ですべて1人でやっている「職人」は代えがきかず、チームで動けないのです。たとえば、職人が休みのとき、引き継ぎのときなど、様々な場面で不都合が生じてしまいます。

職人経理がブラックボックス化を招く

そうした状態を私は「経理のブラックボックス化」と呼んでいます。

パターンその2

ブラックボックス化された経理

経理では、仕訳の方法、摘要欄の書き方、資料の作り方など、「自分のやり方」がみんな違う、ということが時に見られます。

一つ一つは小さなことでも、それが積み上がっていくと、その人にしかわからない、

「ブラックボックス」となってしまいます。

極端な例では、同じ経理の部署にいるのに、Aさんは「クレジットカードで支払った経費は、明細書を見て入力する」、Bさんは「クレジットカードで支払った経費は、領収書を見て入力する」と、やり方が違うのです。

これでは、何かあったときに、担当者以外の人間が仕事をカバーすることができません。

誰かが辞めたり、長期に休むことになったりすると、他の人にはやり方がわからず、その人が担当していた仕事が回らなくなるというリスクが常につきまといます。

また、Aさんのやり方で仕事を覚えた部下がBさんの下についたとき、やり方が違うので混乱してしまいます。せっかく覚えたことが通用しないので、Bさんのやり方を一から覚え直すのも、非常に効率が悪いといえます。

会計処理はビジネスの写し鏡です。したがって、誰が作っても同じ「1つの答え」になりますが、そこに至るプロセスは人により様々です。

やり方が統一されず、何が効率的かもわからない。その結果、たくさんの無駄が生まれてしまうのです。

経理のブラックボックス化の弊害はまだあります。

他の誰にもわからない「自分のやり方」でブラックボックスになってしまっている経理は、たとえ経営者が「この作業にどうして10時間もかかるの？」「もっと効率的なやり方はないの？」「あの確認は本当に必要なのか？」と疑問に思っても、経理担当者から「私しかこのことはわかりませんよね。こうでないとダメなんです」と言われると、それ以上、何も言えなくなってしまいます。

「辞められたら、経理が大混乱となる」という不安で、経理には強く出られないという社長も少なくないようです。

しかし、経理の仕事がブラックボックス化しているために、本当なら1日でできる仕事に3日かけていても誰も気がつけない、というのでは困ります。

「よくわからないから」とブラックボックス化された経理を放置していたために、とんでもない事態を呼び寄せてしまうこともあるのです。

不正とブラックボックス

ある飲食業の会社が大手に買収されることになり、改めて経理の資料を精査することになりました。

この会社の経理担当は10年以上、経理全般を仕切ってきたベテランで、会社の数字を知り尽くしている50代の男性でした。

社長も彼に全幅の信頼を置き、いわば会社のナンバー2的存在だったので、経理についてはほとんどノーチェックだったそうです。

ところが、買収にあたり弊社の会計士が入り、確認作業をしていくうちに、不明な残高が次々に出てきました。

その経理担当者に確認したところ、どうもはっきりした答えが返ってきません。

たとえば、「このパソコンはどこにありますか？」と記載された情報を尋ねてみても、「あれ、買ったかな、どうだったかな」となんだか怪しいのです。

そうしたやりとりを経て、「もう隠しきれない」と観念したのでしょう。やがて、彼が数年間にわたって架空の経費計上を繰り返してきたことが判明しました。

その額は、なんと3000万円。

その会社では中規模の機器購入が常に必要だったこともあり、大きなお金を動かしても、特には怪しまれなかったといいます。

その経理担当者は、一見、不正など絶対に行わないと思えるような、真面目《まじめ》な人物で、長年にわたって彼を信頼してきた社長も、事の次第を知って絶句するばかりでした。

しかし、お金を扱う部署である以上、どんな真面目な人であっても、魔が差すように会社のお金に手をつけてしまうという可能性はゼロではありません。

会社のお金を一手に握っていた彼は「これくらいなら、わからないだろう」と、いつしか不正に手を染める誘惑に屈していたのです。経理の数字を操作して得たお金は、プライベートな食事代や遊興費に使われていたといいます。

ブラックボックス化していた経理を握っていたのは彼1人でしたから、もしも買収話が持ち上がらなかったら、バレないまま、ずっと着服を続けていたかもしれません。結局、その経理担当者は懲戒解雇されました。着服された会社のお金は、すでにほとんど使われてしまっていました。社長自ら回収を続けているものの、完了するまであと何年かかるかわからない状態です。

しかし、それだけでは済みませんでした。

事件が発覚したタイミングで税務署の調査が入り、徹底的に帳簿を調べられました。架空の経費はもちろん否認されます。その分は修正となり、大幅に利益が増額します。「追徴課税を払いなさい」「架空経費は本人から回収しなさい」と言われ、そのうえ、会社の信用力が低下しました。最終的にはなんと買収の話も頓挫《とんざ》してしまいました。

すべて、経理を1人に任せきりにし、ブラックボックス化していたことで起こった本当の話です。

経理担当者を信頼するなと言っているわけではありませんが、誰でも魔が差す可能性はあります。

1人にすべてを任せ、経理をブラックボックス化させてしまうことは、結果的には会社のためにも本人のためにもならないのです。

健全なチェックの仕組みとオープンな環境をつくることに対し、社長はもっと真剣に取り組むべきです。

資料と印鑑を持ち出した経理

また、こんなこともありました。

中国とのビジネスを手広く展開していた製造業の会社で、雇っていた経理担当の中国人経理スタッフが「3ヶ月、里帰りしたい」と長期休暇を取りました。

実家は、空港から電車を乗り継ぎ数日かかるほどの田舎で、一度帰ったら、すぐには戻ってこられない場所だといいます。

彼は、「実家にいる間も仕事をしたいから」と、そのとき担当していた仕事の通帳や原本などの資料を全部持って帰国してしまいました。しかも、会社の印鑑まで許可なく持ち出していたのです。

日本の常識では考えられない行動ですが、彼が本当に実家で仕事をするつもりだったのかどうか、真相はわかりません。

しかし、たとえそうだったとしても、日本から遠く離れた場所では、大切な資料や印鑑の管理が行き届かないことが予想されます。もし資料や印鑑が悪用されていたら大変なことになっていたはずです。

「経理はわからないから」と任せきりにしていると、こんなリスクもあるということです。

担当者が長期休暇を取っていても、後に残っているスタッフで引き継げるようにするためにも、経理をブラックボックスにしてはいけないのです。

#「数字に自信のある社長」はたった1割

パターンその3

数字が苦手なのに、経理もやらなくてはいけない社長

社長自らが経理をやっている中小企業は少なくないと思います。
経理「も」やっている、というのが正しい言い方かもしれません。
これは特に創業社長に多いパターンです。

しかし、社長が経理もやるというのは、いろいろな点でおすすめできません。

まず、私のこれまでの経験では「数字に強い」という社長は非常に少なく、全体の1割ぐらいしかいない印象です。

もちろん例外はありますが、社長は基本的に直感的に物事を進めるので、細かい数字を見たり、入力を積み上げていったりすることが苦手なのでしょう。

実は、私もその1人です。細かな数字よりもつい「こんなビジネスをしたらおもしろいんじゃないか」ということにワクワクして、数字をよく見ず、見切り発車で突き進んでしまったりします。

社長の根拠のない思いつきに振り回される社員はたまったものではありませんし、こんなふうにどんぶり勘定で「まあ、なんとかなるんじゃない？」と突っ走るのは、言うまでもなく大きなリスクを伴います。

社長がやるべきは「監督」

そうは言っても、創業当初は経理スタッフを雇う余裕がなく、社長が営業もサービスもマネジメントも経理も全部自分でやらざるを得ない、ということも多いと思います。

自分で立ち上げたビジネスということもあり、創業社長は、仕事については一から十までなんでもできてしまいます。

営業をすればトップセールス、サービスをすれば満足度ナンバーワン、接客についてもダントツで、お客様に寄り添った新しいアイディアもピカイチです。お客様への思いも強く、行動力もあり、発想力もある、どんなことだってできてしまいます。

このことをサッカーに例えるとすると、フォワードもミッドフィルダーもディフェンダーもゴールキーパーまでも、全部1人でやるようなものです。

社長は基本的にスーパーマンなので、やろうと思えば、こんなマルチプレーもできてしまうのですが、それゆえに、毎日忙しい綱渡りの日々になり、忙殺されることになるわけです。

しかし、社長本来の役割はフィールドで活躍することではありません。

本当にやるべきなのは、サッカーのたとえであれば「監督」のはずです。

試合に勝利するために何が必要かを考え、フィールドの脇からプレーヤーたちに的確な指示を出すことが監督の仕事です。

もっと本質的には、試合の采配のみでなく1年後のリーグ優勝に向け、どんな戦略で、そのためにはどんな布陣が必要で、そのための選手の獲得や、どのように選手のトレーニングを行うか？

試合相手の布陣の予測から、勝ち方のパターン作り、戦略のAプラン、Bプランの検討などなど様々な面で頭を使い、直感を働かせ、決断するのが、監督の役割なのです。

ボールを追いかけてフィールドを駆け回ってばかりいたら、大局的に試合の展開を読み、戦略を練ることがどうしてもおろそかになってしまいます。

ここで、改めて「経営者」という言葉を見てみましょう。

「経営」する「者」、と書きます。つまり、「経営」という仕事をする人です。

経営者でありながら、営業、製造、サービス、経理に追われていては、「経営」という仕事が十分にできません。

サッカーで監督不在のチームが強くなれないように、経営者不在の会社は成長することはないでしょう。

自らフィールドに立ってエースとして活躍せざるを得ないとしても、一番大事な役目は監督として全体を見ることです。

「チームのフォーメーションは正しいか？」

「適材適所になっているか？」

「長い目で見てチームが正しい方向に育っているか？」

「新しいメンバーの獲得、育成方針は最適か？」

そういったことを監督していく仕事が経営なのです。

社長が経理をやるのは「もったいない」

なんでもできる社長ですが、ウィークポイントがあるとしたら、それは経理という人は多いでしょう。

あまり得意でない数字を扱う経理の仕事はストレスがたまる原因になりがちです。そのため、つい経理が後回しになり、適当に資料を作ってしまったりします。

実際、社長自らが作ってきた経理の資料には間違いが多いので、せっかく作っても、やり直しをお願いしなければならなかったりします。

ただでさえ忙しい社長の貴重な時間を、資料を何度も作り直すために使うのは、非常にもったいないことです。その時間を人に会ったり、営業したり、戦略を練る時間に回せば、どれほどビジネスチャンスが広がることでしょう。

私が担当したお客様で、数字が苦手で「経理のことは難しくてよくわからない」という社長が、「だいたい、こんなもんだろう」と適当に資料を作っていたことがありました。そのままご自身で税務署に行き、「後で直しますので」と話しながら手書きで申告書を出していました。社長は大まかにしか数字を見ず、「絶対に赤字だろう」と決算を組んでいました。

その後、税務調査となったのですが「書類に不備が多いので、やり直すように」と言われてしまいました。そこで、弊社に相談に来られたのです。

まとめて4年分の書類を作り直すだけでも大変なのですが、書類の管理状況に問題があり、必要な領収書がもはや見つからない状態でした。

見つからなかった領収書の一部は計上できず、結局、赤字だったはずの収支が黒字になってしまいました。そして、支払う税金の額も想定よりずっと多くなりました。

悪質な税金逃れというわけではありませんでしたから、資料が全部揃《そろ》っていれば、税務署も少しは考慮してくれたかもしれません。

しかし、「本来あるべき資料がない」となると、手の打ちようがありませんでした。そのため、多額の追徴課税が下されてしまったのです。

社長が見落としがちな3つの数字

社長は細かい数字を見るのが苦手で、大きな数字しか見ない傾向があります。大局的に見るのが社長のスタンスなので、基本的にはそれで正しいと思いますが、大事な数字を見落としてしまっていては、的確な経営判断ができません。社長にとっては「ここだけは見るべき」という数字があります。それは、

「損益分岐点売上高（黒字と赤字の境目）」

「キャッシュフロー（資金の動き）」

「時間あたり付加価値」

の3つです。

創業当初は、ビジネスを軌道にのせるため、とにかく「売り上げ」を上げなければなりません。

ですから、社長はトップセールスとして営業をかけることに力を入れ、数字としては「とにかく売り上げを見ていけばいい」ということになります。

この段階では、経理は「ミスなく数字を作る」だけでも、どうにか回していけるでしょう。

経理担当者を雇う余裕がないというなら、まずは売り上げを全力で伸ばし、1日でも早く経理を誰かに任せられるようにします。

そこで大事な3つの数字の1つ目が「損益分岐点売上高」です。これはその金額の売り上げだと利益が0円になる売上高を意味しています。つまり損益分岐点売上高を上回る売り上げを上げると黒字となります。

売り上げが増えていけば当然、仕事も増えていくわけですから、従業員を増やしたり、広いオフィスに移ったり、新たな設備を揃えたりということも必要になってきます。つまり、売り上げが増えれば増えるほど、出ていくお金も増えていくのです。

そうなれば、売り上げという「入ってくるお金」だけではなく、「出ていくお金」の数字にも注意しなければなりません。

売り上げだけを見ていればよかった時期と違い、忙しい社長が経理もカバーすることは難しくなってきます。

「売り上げはガンガン伸びているのに、なぜか赤字」という社長は「入ってくるお金」ばかり見ていて、「出ていくお金」が見えていないということが多いのです。

「売り上げが上がっているから」と、どんどん人を増やしたり、仕入れや設備投資に無頓着《むとんちゃく》にお金を使っていたりしたら、赤字になるのは当たり前でしょう。

損益分岐点売上高は、出ていく固定費が多いほど大きな数字になります。

「経費をいくら使うためには、それをカバーするためにどのくらいの売り上げ増加が必要なのか」ということを踏まえたうえで、出ていくお金をしっかりコントロールしなければなりません。

当然のことですが「売り上げを1円でも多くするためには、どれだけ経費をかけても、どれだけ時間をかけてもいい」ということはありません。そのバランスを意識していくためにも常に「損益分岐点売上高」は意識しておくべきです。

2つ目の数字が「キャッシュフロー」です。

お金は会社の「血液」です。そのお金の流れを示すものがキャッシュフローです。**お金という「血液」が回っていなければ、会社は生きていくことができません。**

実際に倒産に至る要因は、損益ではなくキャッシュフローです。どんなに大きな赤字でもお金があれば倒産しませんし、たとえ売り上げが伸びていて、利益が出ていても、今必要なお金がなければ、会社はつぶれてしまうのです。

前述の損益分岐点売上高は、1年間の合計が差し引き利益になるかどうかという視点でしたが、キャッシュフローは違います。

1年の中で1日でも資金ショートする瞬間があれば会社は倒産します。資金についてはタイミングを含めて把握する必要があります。

考え方としては「必要な手元資金を確保すること」が第一で、次に将来の大きなキャッシュフローを把握して対策を打ち、最後に長期的な資金計画を作ります。

ここでは第一の「手元資金」について話します。

手元資金として必要な金額については借り入れをしてでも手元に置いておくべきです。この必要額は会社の状況によって様々異なります。

運転資金としての必要額（これはキャッシュインとキャッシュアウトのタイミングにより大きく異なります）、売り上げの不安定部分を賄う余力（月々の売り上げの変動が大きい職種は特に必要）、万が一のときのために固定費（給与や家賃など）の支払いを確保するための備え、など様々な要因で変わってきます。

どんぶり勘定での失敗例としては「売り上げはどんどん拡大しているから」「数ヶ月後に大きな売り上げがあるから」と、仕入れや設備投資に多額のお金を費やし、現金がみるみるうちに減ってしまうというものです。

設備資金は計画的に確保するでしょうが、売り上げ拡大に伴う仕入れ・外注などは気づくと膨らんでいることが多々あります。

また、「利益が出たことで予想以上に税金を払うケース」「初めての消費税の支払義務が出たタイミング」「初めての中間納税のタイミング」などのケースでは、事前に予測しておかないとまとまった金額の支出になるため、注意が必要です。

現金を守ることは非常に重要であり、「3つの数字」の中で一番見なければいけない数字と言えるかもしれません。

3つ目の数字は「時間あたり付加価値」です。

これは、「社員が1時間あたりにどのくらいの価値を生み出しているか」という指標です。厳密に計算するには細かなデータが必要ですが、おおまかには粗利益を社員の総労働時間で割り算して計算できます。さらに簡易な計算としては、粗利益を正社員の人数で割ることで（1人あたり粗利益として）同様の指標としても計算できます。

日本の労働生産性は低いと言われています。これは、まさにその点を指し示している指標ともいえます。

さらに、「自社の独自性や付加価値をどこに見出《みいだ》し、いかに高めるか?」「どのような価格設定でどのようなサービスをするのか」というビジネスの根幹に気づきを与えてくれるのがこの「時間あたり付加価値」だと思います。

リスクが高い「社長の経理」

数字が苦手でやることが山のようにある社長が自分で経理をやっていると、資料を作るのがついつい後回しになってしまいます。

月次決算の数字が何ヶ月も出てこない、なんてことはめずらしくありません。忙しいのは事実でしょう。しかし、経理の遅れは、思った以上に悪影響を及ぼします。

そもそも、**数ヶ月前の月次決算に書かれた「古い数字」をよりどころに、的確な経営判断はできません。**

人が増えたから広いオフィスに移ろうということになったとき、不動産屋さんからは決算書を見せてほしいと言われます。古い決算書で契約してくれる不動産屋さんは稀《まれ》でしょう。

また、銀行から融資を受けるときには「直近の月次試算表を見たい」と言われます。タイムリーに作成しておかないと、いざというときに融資を受けられないという事態に陥ってしまいます。

ビジネスが順調に伸び、人員増強、オフィス拡大、取引先も増え組織も構築してきたら、他の部門と同様に経理もバージョンアップさせる必要があります。

公明正大なビジネスをするためには、確定申告をはじめとする経理の資料をきちんと作ることは基本中の基本です。

「忙しいから」

「他にやることがたくさんある」

「経理はよくわからない」

「書類の整理が面倒」

もし、そんな理由で経理の作業が後回しになってしまうのだとしたら、その状態を放置していてはいけません。

一見なんとかなっているように思えても、経理の遅れはじわじわと会社の危機を招いているのです。

今は便利な会計ソフトや経理をアウトソースできる経理代行サービスなど、経理の仕事を効率化する方法はたくさんあります。

具体的には次章で説明したいと思いますが、社長自らが経理を担当していることで問題が生じているのであれば、まずは社長の時給とアウトソースする費用を比較してみてください。

実際には社長自身の精神的な苦痛や、対応遅れによる見えない損失など、様々なコストを払っていることになります。

世の中には経理回りの便利なサービスがたくさんありますので、サービスを利用してみることをぜひ検討してみてください。

会社と「社長の秘密」、どっちが大事？

パターンその4

プライベートな秘密を隠そうと経理を手放さない社長

経理の資料は非常に機密性が高いものです。

中小企業で、社長の奥様が経理を担当していることが多いのは、「秘密を家族以外に知られたくない」という意識も関係しているでしょう。

たとえば、「私的な飲食の支出を経費につけたい」というのはよく聞く話です。

また、極端な話では「愛人につぎ込んだお金をなんとか経費にしたい」など、とても奥さんには言えない秘密があって、どうしても自分以外の人に見せたくないというケースもあり得ます。

どんな社長でも自分の会社には特別な愛着をもっていますし、社長として「オレの会社」という意識が強いものです。それで、「会社の財布は見せたくない」と思ってしまうのかもしれません。

しかし、秘密はいつか必ずバレるときが来ます。

以前、ある建設業の会社の税務調査の準備をするために会計資料の確認をしていたときのことです。

見覚えのない請求書の束があり、その請求書については初めて知らされた別の口座に入金がされていました。

社長に理由を尋ねてみると、「実は、折り入ってお話ししたいことが……」と深刻な表情で相談を持ちかけられました。

なんとそれは社長の隠し口座で、そこに1000万円もの会社のお金が隠されていたのです。

事情を聞いていくと、個人的な事情により急遽《きゅうきょ》多額の現金が必要なのに手持ちの現金がなく、「一時的に借りるつもりだった」という話でした。

しかし、別口座を作り、計画的に売り上げを分け申告から除外するなど、これでは明らかな脱税になってしまいます。

「なんとかなりませんか」と相談を受けましたが、「どうしようもありません」とお答えするほかありませんでした。

結局、社長は借金をして、着服したお金を会社に返しましたが、税務調査では重加算税を課せられ、会社の信用は大きく傷ついてしまいました。

これは極端な例ですが、社長が会社の数字を自分だけで完結する環境があったために起きてしまったことで、非常に厳しい結果を招いてしまいました。

ここまで行かないケースでも、秘密にする必要のない事項については全社的にオープンにしたり、限定的に経理に任せることで社長自身の襟を正すことにつながります。

会社のお金は「社長のポケットマネー」ではない

当たり前の話ですが、「会社のお金」は「会社のもの」です。

有能な社長ほど「オレがいるから、この会社があるんだ」という自負をもっています。それは間違いではないかもしれませんが、「会社のお金＝社長のポケットマネー」ではありません。

もっといえば、「会社」は「株主兼社長であるオレのもの」で本当にいいのでしょうか。

いつまでも「オレの会社」と社長が思っていたら、「どうせ承認するのはオレなんだから」と、会社の私物化に歯止めがきかなくなり、どんどん使途不明金が貯まっていってしまう可能性もあります。度が過ぎると銀行からも税務署からも目を付けられます。

どんなに有能でカリスマ性があったとしても、社長1人の力だけでは、会社は回りません。むしろ「オレの会社」から「みんなの会社」と意識を切り替えることで、社員全員のモチベーションは上がり、会社のために「みんなで」力を発揮しようという空気が生まれます。

そのほうが、社長1人でがむしゃらに頑張るよりも、さらに会社を成長させていくことができるはずです。

「会社のお金はオレのもの」と、1人で囲い込むのではなく、誰に見られても後ろめたくない、公明正大な経理へと舵を切りましょう。

逃げ道や聖域をなくすことになるので少し怖い感じがするかもしれませんが、実はその先には安心安全があります。

情報を共有することで、「自分のこと」としてとらえてくれる幹部が現れ、仲間になってくれます。 自分1人の力ですべての物事を進めたり決めていくのではなく、社員の力を信じて活用していくことにもつながります。

その先には、安心安全の会社経営が待っているのです。

コミュニケーションできる税理士・会計士をパートナーに

顧問税理士・会計士との関係にも残念なパターンが存在します。

パターンその5
社長を憂鬱《ゆううつ》にさせる税理士・会計士

税理士交代をされ、初回の面談をしたあるお客様から「こんなにじっくり話を聞いてもらえるなんて！」と喜びの感想をいただいたことがありました。

そのお客様は、前に頼んでいた税理士とコミュニケーションが取りづらかったそうで、「以前は、税理士との面談が憂鬱だった」とまで言っていました。

どうやら以前の税理士は常に上から目線で、「また前回と同じ間違いをしています」「この前お願いした資料、まだできていないんですか」「こんなに利益が出ているのですから、もっと経費を使ってください」などと怒られてばかりだったそうです。月に一度、面談に向かうときはいつも「ああ、また今日も怒られるのか……」と足取りも重くなったという話でした。

これでは、社長のテンションが下がってしまい、前向きな気持ちで経営に取り組むエネルギーを奪ってしまいます。

税理士の立場上、資料が揃っていないと困るのはわかります。

しかし、「憂鬱だ」と社長に言われてしまい、コミュニケーションも取りにくくなってしまうというのでは問題です。

あなたは税理士や会計士とのコミュニケーションはうまく取れていますか?

「難しい専門用語がたくさん出てきて、本当はよくわからないけど、わかったふりをして聞いている」という社長も少なくないようです。

税理士・会計士を選ぶときのポイントはいくつかあります。

「仕事ぶりが優秀である」
「会社の業種に強い」
「会社の近所にある」

そして、「難しい経理の資料をシンプルにわかりやすく説明してくれる」というのも大事な要素です。

でも、**最も重要なのが「コミュニケーションが取りやすい」かどうか、としても言いすぎではない**、と私は考えています。

「社長を元気にする」ことを、面談での最も大きな目的と考えている弊社では、1時間の面談のうち半分以上はお客様の話をじっくり聞き、アドバイスする時間にあてています。

経営上のアドバイスを行うためには、お客様が今どんなことを考え、何をやろうとしているのか、悩みは何か、ということを把握することが必要だと考えるからです。

特に初めての面談では、起業の経緯や5年後、10年後にどんな会社になっていたいかなど、社長の想《おも》いをしっかりとうかがうようにしています。

その際に用いるのが「夢」という言葉です。

「ビジョン」が会社としての夢、パブリックな響きをもつものであるのに対して、「夢」は子供の頃や起業時に思い描いていた理想や憧《あこが》れを思い起こさせる力があるようで、みなさん、様々なことを楽しそうに話してくれます。

「仕事とは関係ないんだけど」と前置きをして、

「世界中に家を持ちたい」

「自由に休みをとって、のんびりゴルフを楽しみたい」

といったことを話される方も多いのです。

それこそが私の狙《ねら》い。

「世界中に家を持ちたいのなら、そういう事業展開をしていきましょう」

「自分1人で抱え込まないで、任せられる社員を育てましょう」

と、仕事に絡めたアドバイスをすると、社長の顔がパッと輝きます。私が「この仕事を選んでよかった」と思う瞬間です。

荒唐無稽《こうとうむけい》に思っていた夢、自分でも忘れていた夢、人には話せなかった夢。そうした夢を仕事で実現できる。

これは会社を私物化することではなく、会社の活力になることです。

「よし、実現するために一緒に頑張ろう！」と意欲が湧《わ》いてきて、そのための具体的な道筋を、数字のプロとして一生懸命考え、提案することができます。

そうしたきっかけになる「夢」を顧問税理士・会計士について語れないとしたら、または顧問税理士・会計士も社長に聞かないとしたら、その関係は残念なものに私には見えます。

また、少し横道にそれますが、税理士と会計士の違いについて説明させてください。

税理士も会計士も「士業」と呼ばれる、国家資格がないとできない仕事です。資格取得にあたっては、税理士が税法中心の試験科目であるのに対し、会計士は幅広い会計や財務の勉強が必要になります。また、会計監査は会計士にしか許可されていません。

会計士も税理士登録をすれば税理士として仕事ができるので、税金についてのアドバイスをしたり、税務や会計の書類を作ったりと、名前は違っていても実際はほとんど同じような仕事をしていることが多いと言えます。

でも、税理士であっても税金だけでなく、コンサルティングに優れている人もいます。一方、会計士であっても、「頼まれているのは、税金関係だから」と税金についてのみ、黙々と任務を遂行される人もいるでしょう。

つまり、「税理士か、会計士か」ということではなく、ここでも重要なのは、いかにコミュニケーションを取れる相手であるか、ということ。重視すべきは、相手とあなたとの相性ということなのです。

顧問税理士・会計士の特別なポジションとは

顧問税理士・会計士は、誤解を恐れずにいうならば、社長を幸せにできる「特別なポジション」にある職業です。

中小企業庁のデータで、中小企業の経営者の相談相手としてのダントツトップが会計士・税理士です。

税理士や会計士には「税金屋さん」というイメージがまだ強いと思いますが、決してそれだけではありません。

節税して決算書を作って終わりではなく、税理士や会計士は「数字のプロ」として、社長が目指すゴールに向けて何が必要かというアドバイスができる立場にいます。

単に面倒な経理の書類を間違いがないかどうか見てもらえばいい、というのではなく、「数字の得意な参謀役」という視点で対応すべきです。

月1回の面談日は、日頃雑務に追われがちな中で、「数字をすべて知っている応援団である参謀役」と一緒にじっくりと経営戦略・方針について相談することができる時間なのです。

仕事の内容としても、お客様である企業の収益・決算等の経営数値を掌握できる立場というのは、そうそうあるものではありません。

企業の生命線であるお金の流れを的確につかむことができますし、「数字のプロ」なので、資料に記された数字を見れば、会社のことはいいことも悪いこともすべてわかってしまいます。

さらに、経営トップと月1回のペースで面談ができるのですから、中小企業の経営サポートには最高のポジションです。しかも面談時間は1時間、忙しい経営者とそれだけ頻繁に、じっくりと話せる職業は、皆無でしょう。

そんな顧問税理士・会計士には全力で応援してもらいましょう。

その意味でも、顧問税理士・会計士とどんなことでも話せる関係を築くことは、とても重要です。

会う度に憂鬱になるのと、会った後元気になれるのと、経営にプラスに働くのはどちらでしょうか？

コミュニケーションを軽視してはいけません。

人間同士のことなので相性もあると思いますが、コミュニケーションが取りやすいかどうかは、たとえば税理士や会計士のホームページなども参考になると思います。

デザインやプロフィール写真などから、「この人は自分と合いそう」というイメージをつかみやすいので、チェックしてみることをおすすめします。

古いパソコンやソフトを使い続けている税理士・会計士は多い

もう1つ、非常に重要なことがあります。

これからの時代、税理士や会計士を選ぶときに大事なのは「新しいテクノロジーに強いかどうか」という点です。

残念ながら、会計業界はかなり保守的で、新しいテクノロジーの導入という点では、それほど進んでいるとはいえません。

今の時代、会計ソフトを使っていない会計事務所はさすがにないと思いますが、バージョンアップしていないままだったり、機能を使いこなせていないというケースがよくあります。情報不足で新しい便利なテクノロジーについて知らないのです。

税理士や会計士の中には「慣れているから」といまだに古いパソコンやソフトを使

い続けている人たちがめずらしくありません。

それは、おそらく税理士・会計士に、前述した「均質採択」が高い人が多いからではないかと思います。

「今うまくいっているのだから、新しく変える必要はない」という心理状態になりやすいのです。

たしかに、パソコンやソフトを新しいものにすれば、費用もかかりますし、使い方に慣れるまで多少の時間は必要です。それを「面倒だ」「このままでいい」と感じてしまうのでしょう。

現時点ではいくら高いクオリティで作業ができていても、そのやり方でずっと大丈夫とは限りません。今、そろばんと手書きの税理士や会計士がいたら、さすがに「大丈夫かな？」と心配になるでしょう。

時代は先へ先へと進んでいきます。古いパソコンやソフトでは、新しいテクノロジーに対応できません。クラウド会計やネットバンキング、ＡＩ活用も含め、便利な道具やテクノロジーを使っていくことがやはり必要なのです。

すぐに「できません」という経理。

経理も自分でやる社長。

面談するとぐったり疲れてしまうような税理士・会計士。


ここまで様々な「経理の残念なパターン」について見てきました。

問題点がわかったら、次はそれをどう解決するか、です。

そのカギとなるのは、**「経理の無駄をなくす」「新しいテクノロジーを活用する」**という2つの視点です。

第3章では、その具体的な方法について、詳しく説明していきたいと思います。

第3章

これからのテクノロジーが経理にもたらすもの

数字という「ものづくり」

この章では「攻める経理」の第1ステップである「最も効率的に数字を作る」ということについて述べていきたいと思います。

「数字を作る」とは、実態ビジネスから記帳をして試算表にしたり、ＰＬ（損益計算書）、ＢＳ（貸借対照表）、ＣＦ（キャッシュフロー計算書）などの財務情報として完成させることを指しています。

この数字を作る作業は、

「誰がやっても」

「どれだけ時間がかかっても」

「どこでやっても」

必ず同じものが作れます。

そうであれば、

「1円のミスもなく」

「1分でも早く」

「1秒も無駄なく」

「できるだけ自動で」

完成させるべきことは明白です。

ですが、一般の中小企業でそんなふうに数字を作れているところは少ないようです。

「ミスをしては直し」

「長い時間をかけ」

「無駄な作業かどうかも判別できず」
「何度もチェックを繰り返す」

そんな状態で経理が行われています。

しかも、そんな前任者の仕事のやり方を「これには意味があるのかな?」と思いながらも、10年、15年と続けているというケースもよく聞きます。

こうしたその場しのぎの経理で「攻める経理」などできるはずがありません。

これは本当にもったいない話で、日本にとって大きな経済的損失とも言えます。

「最も効率的に数字を作る方法」を追求するに当たり、私もいろいろと考えました。

材料を集めて、それを組み立て、1つの成果物を完成させる。これは「ものづくり」と全く同じではないかと考え、「ものづくりの最高峰を見たい」と2018年10月、社員4名で、トヨタ自動車様の工場見学に参加してきました。

そこでは「かんばん方式」をはじめとする様々な工夫を目の当たりにすることができました。

完全に自動化している部分、人の手が加わる部分、モノの移動の動線、工具の置き方、エラーが起きたときの対応、進捗《しんちょく》の把握の方法、工場全体の状況を誰もが見える化できる工夫など、本当に参考になりました。

なぜなら、それは私が考えていた通り、**経理における「最適化の法則」でもあったから**です。

会計処理の基礎となる資料（領収書や請求書など）を集めて、それらを作業のしやすい方法で組み立て、部品となる仕訳を一つ一つ完成させ、それを完全に組み合わせて決算書が完成する。

そういうプロセスを実際のものづくりになぞらえたら、トヨタは参考にすべきことの宝庫だったのです。

前代未聞の3万5000人分の年末調整

「最も効率的に数字を作る」

これは、私自身が切実に毎日毎日、向き合っていることとです。

経営者の立場としてはもちろんですが、個人としても「効率アップ」を非常に重視していきます。とにかく「早く」「自動で」「簡単に」していきたい。

なぜなら、面倒な作業にエネルギーを使いたくないからです。

楽にできるものなら、どんどん楽にしたい。

その分、自分にしかできないことをやりたい。

そのための方法を考えるのは、もはや習慣のようになっています。それが楽しくて仕方がないのです。

会計士というと、「きっちりしている」「真面目にコツコツ」というイメージがありますが、少なくとも変わり者の私はそんなイメージと真逆で、面倒なことが大嫌いなうえ、細かいことができないズボラ人間です。

面倒なことをやらないための最大の味方は、テクノロジーです。

もともと、理系ということもあり、ソフトウェアのプログラミングも、「グーグル先生」に教えてもらいながら、独学で学びました。アクセスＶＢＡ（Visual Basic for Applications）という、マイクロソフトのアクセスというデータベースソフトを動かすプログラミング言語を使い、監査法人時代から業務フローの仕組み化を夢中で行っていました。自分の作ったツールで業務が便利になるのは快感でした。

そんな私の習性が役立ったのは、３万５０００人分の年末調整の依頼を受けたときでした。３万５０００人分の年末調整という前代未聞の規模に、「ただでさえ忙しいのに、そんなの絶対無理です！」「大クレームになり、収集がつかなくなる」と社内からは猛反対を受けました。

そもそも、当時の弊社が引き受けていた年末調整の人数は１５００人程度。「３万５０００人」という数字がいかに無謀なものであるか、おわかりいただけると思います。

私も「そうだよなあ」と思ったものの、直感的に「挑戦してみたい」とワクワクするような衝動に駆られました。

もちろん同業の方からの情報収集やお客様からのヒアリングなどを丁寧にして感触をつかみながら動きましたので、勝算がなかったわけではありません。しかし、その勝算を社員にいくら説明してもわかってもらえない、という状況でした。

最終的に、私が社員の反対を押し切る形で引き受けることになりました。どんなに無謀でも、なんとかしなければなりません。

そこで、どうにかして、この「年末調整プロジェクト」を無事に遂行できる方法はないかと考えました。

今回の年末調整の作業では、まず1人につき7枚の用紙を印刷し、対象者に送付します。その後に記入してもらった用紙を回収して、記入内容のチェックをするのですが、合計24万枚の紙がチェック対象となります。チェックは人が見て行い、不備や質問があれば対象者に電話やFAXをし、返答は電話で受け取ります。

この間の情報の共有、つまり不備の内容、本人への問い合わせ、本人からの回答、追加で届いた資料などの様々な情報を人の記憶に頼って進めることはできません。

かといって、24万件の情報を一つ一つ入力してもらうにも限界があります。人海戦術は必要ですが、それを乗せる土台となる仕組みが絶対的に必要でした。

情報収集を行う中で、この膨大な作業をこなすにはバーコードによる管理が一番適しているという結論に至りました。

具体的には、1枚1枚の用紙にバーコードを印字し、アクセスVBAを用いて情報を管理し、24万枚の1枚1枚をアドレス管理します。

この結果、24万枚のすべての用紙が、今どこにあって、どんな状態なのか、誰が見ても一目瞭然《いちもくりょうぜん》でわかる状態を実現しました。

つまり、24万枚の用紙のそれぞれで「回収済みなのか」「チェックが完了しているのか」「どのような不備があるのか」「不備について、本人に連絡をしているのか」といった情報をアクセスVBAのシステムで一元管理を行えるようにしたのです。

本人からの電話連絡があったときには、電話を取った人が誰であれ、瞬時にその状況を把握して適切な対応をしなければなりません。

その高いハードルを一気に解決することができるこの仕組みをアクセスに実装する

のは困難を極めました。

箱根への家族旅行の最中も深夜まで夢中で没頭していました。夜中の2時になんとか動く形になったときは、嬉《うれ》しくて1人でガッツポーズを何度もしたことが忘れられません。

結局、前代未聞の年末調整プロジェクトは無事に完了し、お客様からも大変満足していただくことができました。

この仕事は、このシステムなしには絶対に回らなかったでしょう。この一件で、私は「勝てる仕組みを築き、その土台のうえで仕事をすることが大切なのだ」と気づきました。言葉を変えると**「システムの力で業務効率をアップすれば、人力では不可能な領域まで一気に業務の幅を広げることができる」**と学んだ大きな経験となりました。

この年末調整プロジェクトは、会計事務所業界では99％の人が「絶対に不可能」というようなことでした。

それでも先入観にとらわれず「できる」と信じて取り組むことで、大変ではありましたが楽しみながら道が開かれる体験をしました。

取り組んだ社員も「本当に大変だったけど、人生の今までの仕事の中でダントツ1

位なくらい、充実した楽しい時間だった」と話していました。

これ以降、「狭い業界の常識に縛られないようにしよう」「今の業界の常識が世界の常識ではないんだ」と強く信じられるようになりました。

経理代行で証明された「効率化」の威力

「できれば、面倒なルーティンワークなんてやりたくない」というのは、私だけではないでしょう。正直、私は「仕訳はもう1本もやりたくない」と思っています。経理のルーティンワークと言えば、記帳や給与計算、資料作成のための入力などです。私と同じように「面倒」「やりたくない」と思っている人が多いのではないか。そこからアイディアが浮かび、2014年、「経理代行サービス」を始めることになりました。

今、弊社では3本の柱を軸に事業を展開しています。1本目は会計事務所のメインとなる「税務サービス」、2本目が「お役立ち事業部」、そして3本目がこの「経理代行サービス部」です。

「経理代行サービス部」では、記帳や給与計算、振り込み、資金繰り表作成、請求書発行など、経理部が行う業務を代行します。また、要望があればクライアントの元に出向してこうした業務を行う派遣業務も好評です。

この経理代行サービスは非常に評判が良く、業績も3本の柱の中で一番伸び、全体売り上げの3割を叩き出しています。

実は、このサービスを始めるときには、葛藤《かっとう》がありました。

今後、経理業務についてＩＴ化やＡＩ化、自動化がどんどん進む中で「そんなニーズが果たしてあるのか？」という懸念からです。

仮にニーズがあったとしても、機械と競争することになっては、どんどん低価格になっていくことが目に見えています。

しかし、「経理を最適化することは会計事務所の使命」と考えていたこともあり、世の中の経理のニーズを集め、弊社の中で効率化させていけば、日本の経理の最適化を前進させられる、と気づきました。

そこで、思いきって「経理代行サービス」をスタートさせることにしたのです。

当時は「経理代行」という言葉自体が世の中になかったので、「そもそも何をするサービスなのか？」「記帳代行とは違うんですか？」と聞かれることが多く、営業の場面では、まずサービス内容の説明から入らなければならない状態でした。

しかし、徐々に反響が得られるようになり、市場のニーズも確実にあるという手応《てごた》えもありました。「経理代行」が必要となるのは、たとえば次のようなケースです。

- 創業間もない企業で経理スタッフを雇えない。
- 急に人が辞めてしまって経理部が人手不足になり業務が滞っている。
- 経理を採用しようにも人が集まらない。
- 経理を採用しても教育する人もいないし、育っても辞めるかもしれない。
- 合理化のため思い切って経理をアウトソースしたい。

あなたも思い当たる節はありませんか？

「そんなにたくさん業務を請け負って大丈夫なのか？」と思う人もいるかもしれませんが、全く問題ありません。

弊社は経理の業務がビジネスの本丸です。通常、一般企業では経理というのはサービスのど真ん中にいる部署ではなく、バックオフィス業務です。バックオフィス業務のためにガンガン投資する企業は稀です。

繰り返しになりますが、経理という部署では現状維持しつつ、完璧を守ろうとするため、経理業務を効率化するツールが世の中にどんどん出てきても、それを積極的に使っていこうという人材はそういません。

日々効率化を図っていく弊社のような会計プロ集団と、一般企業の経理とではどんどん差が広がっていくことは明らかです。

具体的には、アウトソース、ＲＰＡ、クラウド会計ソフト、様々な業務効率化ツールなど、効率化を進めるツールを最大限に駆使しています。しかも、テクノロジーはどんどん進化しているので、効率もどんどんアップしており、少ない人数でも多くの仕事を無理なくこなせます。

「効率的に数字を作る」ことでどれだけ大きな成果を生み出せるか、私自身が日々、実感しています。

仕組みを自動化し、効率化を進めることで、業務の規模拡大、業務範囲の拡大など、様々な可能性が広がっているのです。

大量離職で大ピンチ

さらに、「効率的に数字を作る」ことの意義を再認識させられた出来事がありました。

3年ほど前、50人以上いた社員が次々と退職し、短期間で30人にまで減ってしまうという大ピンチに陥ったのです。

なぜそんな大量離職が起こったのかというと、すべては私の無茶な目標設定が原因でした。以前、私が掲げていた目標は「２０２０年までにスタッフ１００人。業界トップ20に入る事務所になる」というものでした。

この目標を立てた２０１０年当時、社員は４人だけ。誰もが無理だと思っていました。それでも、野心的な目標を立てて、それに向かって突き進み、最高のメンバーとこの目標を実現したいと、本気で考えていたのです。

思いついたら突っ走りたくなる私の性格がよく出ている、自分でも笑ってしまうような無謀な目標でした。

しかし、「100人」を目指して業務規模を拡大し、オフィスを広い所に移転、未経験者でもどんどん採用していったところ、なんと5年で従業員は50名以上になりました。特に事務所移転後の2015年には、1年で20人も採用したので、ものすごい急拡大だったといえます。

無謀な目標を順調に達成していったことで調子に乗った私は「さあ、このペースで一気に従業員100人の目標に突き進む！　年商は100億円を目指す！」と意気込みました。

ところが翌年、次から次へと社員が辞めていき、わずか2年で、57人の社員が32人にまで減ってしまったのです。

「どうしてそんなに辞めたのか？」とよく聞かれますが、要するに、人を増やすことを軽く考えていたツケが回ってきたのでした。この頃は、あたかも足りないパズルのピースを当てはめるようにスキル重視で採用を行っていました。

人間、大勢集まれば、中にはいろいろな人がいます。人を雇うにあたっては常識のはずですが、その頃の私にはそんなこともわかっていなかったのです。

とにかく「人数を増やす」ことを優先していたので、採用も拙速になりがちで、現場への目配りも行き届かなくなっていました。「人が足りない」と言われれば、検証もないまま、喜んで採用を行っていました。

ふと気づくと、私がビジョンを語っても、メンバーからは冷めた態度しか返ってこない、という場面も増えていきました。

「自分は頑張っているのに、どうして社員はついてきてくれないんだろう」

「もっと挑戦してほしいのに、なぜこんなにやる気がないんだろう」

自分の想いが空回りしている……と、悩む日々が続きました。

一番痛かったのは、それまで良好だったチームワークにほころびが出始めたことです。

性善説でやってきたものの、実際には陰口や悪口もあり、会社の雰囲気はどんどん不健全になりました。一緒に頑張ってきた社員が「もうやっていけない」と何人も会社を去っていったときは、本当につらかったです。

問題がいろいろありすぎて、職場の人間関係をタイムリーにケアすることもおろそかになっていたのも影響したと思います。

事務所拡大のペースに合わせて、仕事量も増えていたところに、これだけ急に人がいなくなってしまったのですから大変です。

新規の営業はすべてストップしました。おかげさまで解約がそれほどなかったのは本当にありがたいことでした。

一方で、同じ仕事量を少ない人数で担当せざるを得なくなりました。

相次ぐ退職に「なぜなんだ」「何がいけないんだ」と思うまもなく、退職した社員のお客様を私がどんどん引き受ける状況になり、私の担当が2社から一気に55社にまで増えました。

毎日、4つも5つも面談があり、日常業務を回すだけで精いっぱい、将来に向けての経営方針など考えている暇もありません。

同時並行で進めることが多すぎて、「何か忘れているんじゃないか……」という不安にさいなまれる日々でした。

たぶん、社員全員がそんな状態だったのではないかと思います。

社員の仕事を引き継いでわかったこと

とにかく目が回るような忙しさをなんとかしなければなりません。

前章で述べたような「ブラックボックス化」が社内でも進んでいて、資料の作り方など、その人でなければわからないような独特のやり方があちこちで定着していました。そのため引き継ぎがうまくいかず、大変な思いをしなければなりませんでした。

ひとまず、55社分の仕事を棚卸しし、整理していくことにしました。

すると、前任者たちの仕事のやり方にも改善点が多くあることがわかってきたのです。

毎日遅くまで残業していたので、どんなに大変な仕事かと思っていたのに、自分でやってみると、「あれ、そんなに残業するほどでもないな」と、意外に思うことがよくありました。

最も時間がかかっていたのは、仕訳入力作業です。みんな、毎日5時間も6時間もかけて入力やその確認をしていました。

おそらく仕事内容の半分ぐらいは入力だったはずで、ただただ私の教育不足のせいで、効率化されていない入力業務に追われ、みんなが残業を余儀なくされていたのだと思います。

そこで、仕訳入力業務の効率化に取り組むことにしました。

アウトソースサービスの利用、会計ソフトへの手入力からエクセルインポート機能を活用、クラウド会計ソフトへの切り替え、オンラインでのデータ取り込み、経営分析ソフトの導入による決算分析資料の自動化など、考え得るすべての効率化ツールを活用し、入力の作業自体の省力化に励みました。

同時に、勘定科目の付け方などのルールを統一し、アシスタントやアルバイトでも作業ができるように標準化しました。

「1時間で終わるはずだから」と私に言われて、彼らも最初は半信半疑だったのですが、実際にやってみるとその通りなので、「こんなに楽だったんですね！」と驚いていました。

同様に、会計の知識が少ないアシスタントでも資料を作れるようにするため、ルールをシンプルなものにしました。

ネットバンキングの明細をいちいちプリントアウトするなど必要のない手順はどんどん省いていきました。

全件のチェックを行っていた手順を改め、間違えるリスクのあるところを中心的にチェックするリスク・アプローチという形にしました。チェック手順も細かく設定し、誰でも同じクオリティのチェックができる仕組みを築きました。

こんなふうにして入力や資料作成を任せられたおかげで、私はお客様との面談に力を注ぐことができ、さらに、経営について思いをめぐらせたり、もっと自分の仕事を効率化するにはどうすればいいかを考えたりする時間が生まれもしました。

その結果、最初は死ぬ思いでこなしていた55社分の仕事が、少しずつ無理なくできるようになっていったのです。

そして、1年が過ぎました。

決算を組んでみて、驚きました。急激に社員が減ったにもかかわらず、会社全体の売り上げはほとんど横ばいという結果だったのです。

さらに、残業時間も900時間（2016年1月）から、372時間（2019年1月）と、劇的に削減されていました。社員が減ったにもかかわらず、残業も大幅に削減されたのです。

残ってくれたメンバーの頑張り、そして忙しすぎてミスが出ても温かく見守ってくださったお客様の支えに助けていただいた結果だと思います。

しかし、なんとか乗り切れたものの、これからも同じやり方をしていたら、「少ない人数でオーバーワークをして仕事をこなす」という不幸な状態が続くだけです。

それはなんとしても避けたい、と考えました。

業務分解で効率化する

そこで、思いきって自分が抱えていた55社のお客様のうち、50件を別の担当者に代わってもらうことにしました。

効率化アップを自分だけでなく会社全体に広げようと思ったのです。

人が減って規模がスリムになったことに伴い、「従業員100人」といった「目先の数」ではなく、これからは「利益率重視」のビジネスモデルに転換すると決めました。量の時代から質の時代へのシフトです。

とはいえ、まずは自分の足元の仕事量を減らす必要があります。私の担当のうち50件を他の社員に引き継ぐと決めました。引き継ぎにあたり、私のやり方を社内全体に応用すれば、それぞれが担当する件数が増えても大丈夫、という確信がありました。

効率を上げるには、業務が担当者に紐《ひも》づけされてブラックボックス化されていた状態を解消することが大前提です。

3ヶ月を目標に、50社の担当の引き継ぎを開始しました。

一連の業務を分解して「担当者がやる仕事」「正社員アシスタントがやる仕事」「アルバイトがやる仕事」「アウトソーシング」「機械で自動化する仕事」に分けました。

その際、それまで仕訳入力にかかりきりだった正社員アシスタントに、お客様対応や資料作成まで業務の幅を広げました。

メイン担当者とアシスタントでの「2人担当制」にすることで、担当者が不在のときでも切れ目ないサポートを可能にし、お客様にも喜んでいただきました。

ルーティンワークの入力はアルバイトやアウトソーシング、機械に任せることにしました。

「アルバイトの仕事」「アウトソーシング」「機械に任せる仕事」は、効率化を進め、マニュアルを作って入力のフォーマットや領収書のもらい方を統一しました。

また、ここでもアクセスVBAを作成し、社内業務の効率化と業務進捗の見える化、自分の数値の把握などが簡単にできるようにしました。業務結果の報告・確認の方法なども一元管理が可能となり、状況がトップの私にもリアルタイムに伝わりやすくなりました。

その結果、大きな混乱もなく、目標通り、3ヶ月で50件の引き継ぎを完了することができました。

会計事務所が抱える3つの山

会計事務所の話が続きますが、私の考えでは、会計事務所の「働き方改革」の障害となっているのは、「年末調整」「確定申告」「3月決算の申告」です。

以前から、この3つの山を解消したいという問題意識を持っていました。

もちろん、どれも大変大切な仕事であり、仕事をいただけることは最高の喜びなのですが、業界の課題を浮き彫りにするために、あえてこのことを書いています。

この「季節的に増える仕事」を乗り切るために、毎日の退社は早くて夜の9時か10時、何度も休日出勤をしなければならないぐらい、山のような仕事が押し寄せてきます。

その背景には、社員は日常業務に上乗せでこの「3つの山」の業務に追われることになるということです。日常業務だけでも楽ではないのに、さらに多くの仕事を抱え、みな、気合と根性で乗り切っています。

これは、会計事務所のビジネスモデル的にそういう構造になると言わざるを得ません。なぜなら、繁忙期に合わせて採用すると、それ以外の時期に人が余ってしまうので、どうしても閑散期に合わせてスタッフを配置することになるからです。

この状況を解消すべく、昨年から、弊社では「3つの山」を攻略する特別チームを作ることにしました。「日常業務に乗っかってきた大きな仕事の山」の部分のみ切り離して、特別チームが対応します。

特別チームの最初の仕事は「年末調整」です。年末調整業務は、お客様の会社の社員の1人1人についての所得の計算となります。

これは実は、会社自体の決算とは別で、社員1人1人、個人の話なので、担当者を切り分けることが可能です。お客様のメイン担当者は「年末調整」には一切タッチせず、特別チームですべて対応します。

おかげさまで、この取り組みは非常にうまくいきました。

まず、メイン担当者は業務の純減で、楽になることを実感しました。年末調整業務でのミスも減り、社内報告や請求への流れもスムーズに進み、スピード感も問題なく進められました。

何より誰かが「無理して対応する」ということがなくなり、一部の人に負担が集中せず、全社で協力して乗り越えることができました。

次に超えるべき山は「確定申告」です。こちらは専門性が高い部分と低い部分とが混在しています。

全体業務を分割し、専門性の高い部分は担当者に残し、中くらいの部分は特別チームのトレーニングした社員、専門性の低い部分はアルバイトも含めた対応、という形に分割して業務を進めます。

こちらについても、お客様担当者の負荷は大きく削減し、スムーズにストレスなく業務が進められるようになりました。

「数字が苦手」な人こそテクノロジー

その他にも、アウトソーシング、クラウド会計ソフトの導入など、効率化に役立つ方法を積極的に取り入れていきました。

幸いにも、社内にはアクセスVBAを学び構築を引き継いでくれた社員がいたり、会社の方向性に共感し、クラウド化をどんどん進めようという社員もいたりしたので、非常にうまく回すことができました。

さらにもう1年が過ぎた今、弊社の社員は30人を切っています。

しかし、会社の売り上げは上がっています。そのうえ、それまでは深夜まで残業しなければ終わらなかったのに、社員の退社時間も早まっています。

弊社では、アシスタント正社員は6時過ぎに退社しますが、残業をしていた頃より、

売り上げと社員数（年間平均）の推移

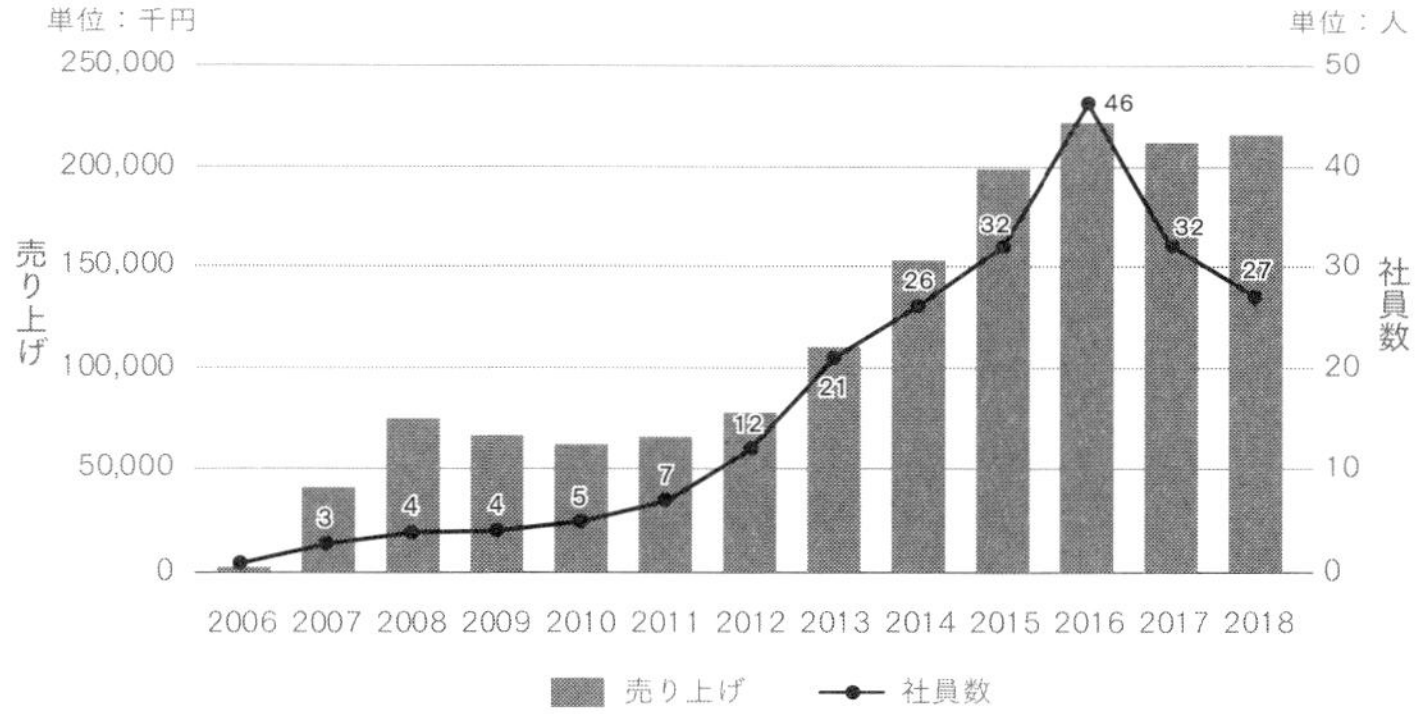

こなせる仕事の件数は増えています。

1年前と違い、新規案件も受けられるようになり、「お役立ち事業部」という部署も新設しました。

私も再び明るい気持ちでビジョンを語れるようになり、毎日「こんなことをしよう」「あんなこともできる」とワクワクしています。そして、社員はそんな私のビジョンに共感し、ともに目標に向かって前向きに仕事に取り組んでくれています。

すべては、業務の効率化を進めたおかげです。もし業務を効率化していなければ、疲弊した社員がもっと辞めてしまい、会社の存続自体が危うくなっていたかもしれません。今でも必死に入力作業に追われ、残業残業という苦しい仕事のやり方が続いていたと思います。

今回の件では、慌てて**欠員補充しなくても、効率を上げることで乗り切ることは可能**だということを改めて実感しました。

少ない人数で大量の仕事を抱えることになって、気づいたことがあります。

それは「売り上げと人数に強い相関関係はない」ということです。

以前の私は「人さえいればどんどん仕事を受けられるし、売り上げも増える」と思い込んでいました。みなが忙しそうにしている様子を見て、「たくさん仕事をしていて、頑張っているな」と喜んでいたのですが、実際は、1人でできる仕事を3人で分担しているような効率の悪いやり方が真面目に頑張っているにもかかわらず、あちこちで起こっていたのです。

そして、この**効率化の最も強い味方になったのが、テクノロジー**でした。

一般的に、新しいテクノロジーの導入については人によって好き嫌いが分かれるように思います。

たとえば、私は新しいテクノロジーが大好きで、ＡＩスピーカーもアップルウォッチもｉＰａｄも発売と同時に買いました。もう何年もボールペンを持ち歩いていません。

最近はスマホがなくてもアップルウォッチ1つあれば、電車もタクシーも飛行機も乗れますし、飲食店の支払いができる所も増え、「便利だなあ」「この先、どこまで行くんだろう」と、テクノロジーの進化にワクワクしています。

ある調査では、20代〜40代のビジネスパーソンの過半数がＡＩによる仕事の代替に期待をもっている一方で、「ＡＩに仕事を奪われる」と不安に感じている人たちも30％程度います。

でも、考えてみてください。

この半世紀の間だけでも、経理をめぐるテクノロジーは大きく変わりました。税理士だった私の父が現役の頃は、まだそろばんと手書きが全盛でした。その後、電卓がそろばんに取って代わり、今やパソコンのソフトで自動計算ができる時代です。テクノロジーが進んだことで圧倒的に無駄がなくなり、便利になったことは間違いありません。そして、この流れが止まるどころか、どんどん加速していきます。

数字に弱い人にこそ新しいテクノロジーは大きなメリットをもたらすはずです。数字に弱いのであればなおさら、流れに乗ることを積極的に考えるべきです。

効率的に数字を作るための4つの方法

弊社のように「急激に人が減る」というのはレアケースかもしれません。

しかし、慢性的な人手不足が続く現在、「少ない人数で多くの仕事をこなして利益を出す」方法を積極的に活用していくことが欠かせません。

具体的には、

❶製販分離
❷仕訳の自動化
❸ＲＰＡ（Robotic Process Automation）
❹クラウド会計ソフトの導入

という4つの方法が考えられます。

すべてに言えますが大前提として、これらのツールをただ導入するだけでは、うまくいきません。

それぞれの会社には、それぞれの業務フローがあります。その業務フローに大なり小なり修正を加え、新たなツールを組み込んだ新しい業務フローを構築し、定着させていく必要があります。

まずは全体を見渡し、弱点を見つけ、それを克服するような新しい方法を考え、導入して、新たな業務フローを構築していくのです。

まず❶の「製販分離」から会計事務所を例に説明していくことにしましょう。

製造業などでは一般的な手法ですが、税理士・会計士業界でも製販分離を取り入れるところが増えています。

私が55社の担当を抱えなければならなくなったとき、業務を切り分けて、ルーティンワークを他のスタッフに任せたように、「製造（入力・チェックや不明点・不足資料の回収、月次の分析資料の作成)」と「販売(新規営業、お客様との面談)」で役割分担をすると、1人でいろいろな業務をこなすより生産性が上がります。

担当者の本来の仕事はルーティンワークでなく、お客様との面談や経営分析のはずです。

製販分離でルーティンワークを手放すことにより、担当者が忙しすぎて万全なお客様対応ができないという状況も改善できますし、担当者もより能力を発揮することが可能になります。

一方で、製造部門は業務を標準化し集中することで、最も効率的に数字を作るうえでミスなく早く作成・確認する効率化ノウハウが積み上がっていくというメリットがあります。

入力作業は自動仕訳に任せる

次は、❷の「仕訳の自動化」です。自動仕訳と言っても、ここでは「社内リソースを使わない」という意味で説明します。

社外のアウトソース会社に仕訳の入力を委託できれば、社内的には工数はかからなくなります。

今や、仕訳入力のようなルーティンワークを正社員が行う意味はほとんどなくなりつつあります。

入力のルールが統一されていることが大前提ですが、アルバイトにも任せられますし、アウトソースするという方法もあります。

ベトナムや上海《シャンハイ》などで日本語ができるスタッフが入力作業を代行するサービスを使

えば、1仕訳20〜30円しかかかりません。

資料をスキャンしてネットで送り、3日から1週間後、戻ってきたデータをチェックするだけです。一つ一つの資料を見て手で入力していたことと比べると、アウトソース先からのメモの確認及び、出来上がった会計資料の確認で済むために大きな業務削減になります。

経理で時間や労力をとられる業務と言えば、なんといっても入力作業です。低コストでアウトソースできる時代、正社員を「入力のプロ」にしておくのはもったいなさすぎます。

しかし、アウトソースも万能ではありません。

時期的に依頼が集中して、データが戻ってくるまでに時間がかかるということも多くなります。現地の人件費の上昇に伴い、仕訳コストも上がっていく可能性もあります。

アウトソースをするだけで「業務の効率化は完了」というわけにはいかないのです。

そうしたことも考えると、やはり仕訳の自動化の究極の形は「ＡＩツールによる仕訳の自動作成」ということになります。

現在、名刺の読み取りサービス（貰った名刺をスマホで撮影し、アップロードすると、会社名、氏名、連絡先などの情報をデータ化してくれるサービス）が、一部無料で利用できます。ものすごく便利で私もよく使っています。

このサービスがスタートしたときには、アップロードされたデータを海の向こうのどこかで誰かが手入力をしてくれて、記録される形だったと思います。

私はこのサービスを見つけたときに、大きな衝撃を受けました。海外とはいえ人の手で作業しているのに、無料で提供されているのです。そのとき、**仕訳のアウトソースのサービスも確実に「1仕訳＝0円」に近くなっていく**と確信しました

仕訳だけでなく、給与計算なども自動計算で行われる時代がすぐにやってくるでしょう。

いずれは、個別の税務相談についても、過去の税務上の判断・通達をもとに白黒の判断をするということですから、ＡＩが自動的に行えるようになると思います。

AIと経理の意外な相性

税理士・会計士の業界は保守的で、「ＡＩへの対応はこれから」というところも多いと思います。

しかし、「最も効率的に数字を作り、最も効果的に数字を使う」ための方法を突き詰めるにあたり、これからはＡＩのような新しいテクノロジーとの融合が必須となっていくでしょう。

ＡＩというと、自動運転やロボットなどが注目されていますが、実は経理の仕事と非常に相性がいいということを知っていますか？

たとえば入力、計算といったルーティンワークは自動車の運転よりずっとシンプルです。会社ごとに細かな方針は異なるものの、１つの会社でとらえれば曖昧《あいまい》なところは少なく、答えは明確に1つになる、というのが特徴です。

車の運転ほど複雑なことがＡＩにできて、仕訳のような単純作業をＡＩができないわけがありません。

また、会計はビジネスを数字に置き換えるものであり、決算書は現実のビジネスの写し鏡です。したがって、経理の仕事は、誰がやっても同じ決算書ができる、というのが前提になっています。入力した人によって異なる決算書ができてしまっては困ります。

いくつもの解釈が可能なものでなく、数学のように「答えが1つ」と決まっている作業は、まさにＡＩの得意技です。

決算書の作成は具体的には仕訳を作っていくことになります。仕訳作成のプロセスは、領収書や請求書、契約書などの証拠書類を見て、その書類が示す活動は何なのか読み取り、読み取った活動を示す勘定科目を割り当てて仕訳を作ります。

勘定科目とは、例えば、売り上げ、消耗品費、家賃、預金、などなど様々です。

この一連のプロセス、証憑《しょうひょう》書類に書かれている内容から、どんな企業活動なのかを予測をして、それを示す勘定科目を割り当てる。

たとえば、領収書に「〇〇交通」という文字があったとすると、タクシー代である可能性が非常に高く、勘定科目は「旅費交通費」となります。ＡＩはこのような判断を行うことが得意なのです。

ＡＩが進化すれば、ＡＩが担うようになるのは自然の流れでしょう。

その延長線上で考えれば、**ＡＩ時代の到来とともに、経理のルーティンワークのほぼすべてが自動化されていく**と考えられます。

RPAというすごい技術

「効率的に数字を作るための4つの方法」、❸の「RPA」についてお話ししましょう。

RPA（Robotic Process Automation）は「ロボットによる業務自動化」を表す言葉です。ロボットと言ってもペッパーくんのような人型ロボットではなく、「ソフトウェアのロボット」です。

この「ソフトウェアのロボット」は、人間がパソコンを操作するのと同じように、パソコンを動かすことができ、その仕組み作りにはプログラミングの知識が必要ないという点に特徴があります。

RPAによって、パソコンを使うデスクワークが自動化されていくことから、「デジタルレイバー（Digital Labor、仮想知的労働者）」とも呼ばれています。

ＲＰＡにも様々なソフトがあります。将来的にはＡＩによる機械学習を組み合わせることで、人間のようにＡＩという頭で判断してＲＰＡという手足でパソコン操作をすることが可能となり、格段な進歩を遂げようとしています。

ＲＰＡは、ホワイトカラーの業務にＩＴやロボットを導入する起爆剤になるとして今、熱い注目を浴びています。欧米ではすでに政府レベルでＲＰＡの導入が進められており、日本でも様々な分野で活用が始まっているところです。

２０１８年の時点で大企業の３割がすでにＲＰＡを利用しており、導入を検討している企業と合わせると7割を超えるという調査もあります。

さらに、今後、ＲＰＡの市場は急成長し、２０２２年には、ＲＰＡの国内市場規模は約４００億円になるといわれています。弊社でもＲＰＡ専任の社員を採用し、ロボットを作ってもらっています。

ということは、これから3年ほどの間に、ＲＰＡが一気に普及するということです。経理の仕事においては、これまでアウトソーシングしていたような入力や書類の処理などの膨大なルーティンワークをＲＰＡで行うことが一般的になっていくでしょう。

たとえば、これまで3時間かけていた入力が、すでに出来上がったものをチェックするだけで済むので15分で終わってしまうというイメージです。

そのうえ、人為的なミスも防ぐことができるなど、ＲＰＡによって業務が自動化されていけば、経理の生産性は飛躍的に向上します。

ＲＰＡのツールがあれば難しいプログラミングの知識も不要で、ＩＴに強くなくても簡単に使うことができるという点も大きなメリットです。

また、人間と違って「ロボット」ですから、24時間365日動かすことができます。

今後、マンパワーがあてにできなくなっていく中で、ＲＰＡは企業の救世主になると言っても過言ではありません。

ただ、ＲＰＡの導入には、社内に専門の人材がいることが望ましいのです。

コードを書いたり、インターフェイスを作ったりといった、システムの全体を構築するようなスキルは必要ないのですが、最初にこれをやり、次にこれをやる、といったプロセスを細分化し、優先順位をつけ、わかりやすくゴールに至るプロセスが描ける人材が望ましいでしょう。

また、実際に動かすと間違いなく様々なエラーが出ます。このエラーを条件分岐などを駆使して、プログラムを修正することができる人。最終的にはどのようなエラーが出ても最後まで止まらずにゴールに到達する形に仕上げていけるスキルが必要です。

また「これをやりたいんだけど、直接的には作れない」というケースが出てきたときは、私のようなＲＰＡ導入に熱意を燃やしている会計士にご相談いただくことをおすすめします。

中小企業のＩＴ化が日本のこれからを支えていくと、私は本気で考えています。

ソフトバンクのＲＰＡが実現する「仕訳の自動化」

ＲＰＡというこのすごい技術を私が知ったのは、２０１７年のことです。トラブル続きだった弊社の状況が落ち着いてきたこともあり、外へ向けてアンテナを張ることを再開したタイミングで、その存在を知りました。

即座に「これはすごい！」と感動し、「２０１８年は自分たちも絶対にＲＰＡに関わるぞ！」と決心しました。

「ＩＴに強い会計事務所」というのが、弊社の売りの１つです。

半年ほどかけて、いろいろな会社やソフトを見たり試したりする中で、ある素晴らしい出会いに恵まれました。

それがなんと、ソフトバンクのプロデュースにより「会計事務所やその先にある中小企業のＩＴ化を進めるためのツール開発を行う」という企画です。そこに「協力者として参加してほしい」との提案を受けました。

どうやら、弊社の「会計事務所らしくない」ウェブサイトが好印象だったことと、雑誌記事の「日本の経理を最適化したい」というアプローチに共感をいただいたようです。

このような幸運に恵まれ「最も効率的に数字を作る」という弊社の夢の1つに直接的に貢献することが可能になりました。

勇気づけられた私は、このチームに参加しているＡＩ開発会社、ＲＰＡ会社、ＢＰＯ会社などとも協働しながら、早速、何ができるか、検討を始めました。

前述のように、会計事務所の業務には効率化が進んでいないルーティンワークがいろいろとあります。

そこでソフトバンクとの取り組みをきっかけに、町田パートナーズとしてＲＰＡサービスを開発することにし、その中で、まずは「仕訳の自動化」に焦点を当てた機能を充実させることにしました。

この件についてはすでに自動化が実用レベルに近づいており、短期間でリリースできると見込めたからです。

仕訳は、今まで領収書や通帳などを見て経理担当者が会計ソフトに手入力していました。これを人の手ではなく自動的に行うことをゴールとしています。

つまり、書類を読み込み、その書類から作成すべき仕訳を文字通り自動的に作ることです。

そのプロセスは、まず領収書などの紙の資料のスキャンデータから必要な情報をテキストデータ化（1つ目のＡＩ機能）し、その情報から勘定科目を予測（2つ目のＡＩ機能）して仕訳を自動で作ります。

最初に画像データをＯＣＲで読み取り、ＡＩ学習により、仕訳に必要な情報を自動で読み取りデータ化を行うのです。

「領収書」といっても、印字されたもの、タクシー領収書のように小さいもの、居酒屋のようにとても長いもの、納品書・明細書と兼ねていてどこに金額があるかわかりにくいもの、さらには手書きで書かれているものも含め、様々です。

また、領収書によって日付や宛名《あてな》の位置はバラバラです。手書きで記入されることが一般的な紙の領収書の情報を機械が正確に読み込むのはなかなか難しいのですが、今回のサービスではその点でも素晴らしい能力を発揮しています。

弊社ではこのサービスを「ちあロボ」と名付けました。「ちあ」は「応援」、つまり「中小企業を応援するロボット」という意味です。

ちあロボのロゴ™（商標登録出願中）

AIの精度とスピードは人間を超える

仕訳の自動化で次にクリアしなければならなかったのは、勘定科目の判断です。仕訳として完成させるためには領収書に書いてある情報だけでなく、その情報から予測される勘定科目、つまり「消耗品費」なのか「交際費」なのか「新聞図書費」なのか、自動的に判別してもらう必要があります。

勘定科目の判断は会社によって異なり、同じ支払先でも会社によって変わってくるということもよくあります。たとえば、「喫茶店の支払い」が「会議費」になることもあれば「交際費」になることもあり、あるいは「福利厚生費」にもなったりするのです。

「ちあロボ」に連動させるＡＩには10万件の領収書とその仕訳データを学習させて

あります。それを実際に使うことで「この支払いはこの勘定科目」という細かいルールをＡＩが覚え、精度を高めていきます。ＡＩが仕訳を自動的に作れば作るほど学習し、精度が向上していくのです。

最初のステップの、領収書、通帳の内容の読み取り精度についてですが、開発者の方いわく、人間が目で見て手入力する際の精度はおおむね92％で、どんなに頑張っても8％くらいはミスをするそうです。

一方、読み込む件数の多少も関係しますが、ＡＩの精度は通常の証票であれば平均して95％を誇ります。この精度の高さは驚異的で、人間の目での全件チェックが必要なくなるバーを越えています。

つまり、**人の目を一切通さずに仕訳が出来上がる世界が広がっているのです。**

しかも、「日付」「金額」「店名」「科目」とそれぞれ、ＡＩが「精度は○％」と信頼度数を表示してくれるシステムになっているので、人間は、たとえば精度97％以下のものだけを確認するだけでいい、ということができます。

たとえば、1万行ある通帳を取り込んで仕訳させた場合、精度97％以下を抽出すると２００件。そこだけ確認すればいい、というわけです。

また、仕訳が１００あるとした場合、１００のすべてを完全自動化するのはしばらく先の話かと思います。

ですが、１００ある仕訳のうち90は実は金額だけ異なり、毎月同じ仕訳であるケースがほとんどで自動化も容易です。１００のうち90の部分を自動化することで、１００の作業は10になり、残り90の時間は違う作業ができるのです。

これだけ便利で精度が高くても、コストはアウトソースより安く済みます。

弊社では月に約5万件の仕訳を入れていますが、まずその約半数の2万仕訳を「ちあロボ」に任せて自動化しようと進めているところです。

「ちあロボ」は通帳1冊を瞬く間に読み取ります。私の個人的な感覚では、見開き2ページが10秒かからないペースで読み取られていくので、見ていて最高に気持ちがいいです。

これほどのスピードに人間の手がかなうわけがありません。

弊社では仕訳の入力をアウトソースするケースもありますが、どんなに早くても1日はかかりますし、平均すると3日程度の時間を要します。これは長い時間ではないですが、待機の時間のストレスはあります。

これまで、「もうこの人数では限界」と引き受けきれず、せっかくご依頼をいただいてもお断りしなければならないということもあったのですが、「ちあロボ」があれば、もうそのようなことをしなくて済みます。

今後は、経理の周辺業務もターゲットにしながら、ロボ化を進めていきたいと考えています。

「ちあロボ」は、現在開発中ですが、「1仕訳〇〇円」という形で、会計事務所や一般企業へ提供していく予定です。入力作業に追われてしまっている経理の作業時間を劇的に減らし、その時間を「攻める経理」として使うことができます。

会計の知識とスキルを高めた人の時間を、単純な仕訳入力に使ってしまうのはもったいない。経理周辺の「最も効率的に数字を作る」というアプローチの第一歩として、導入を検討していただきたいと思います。

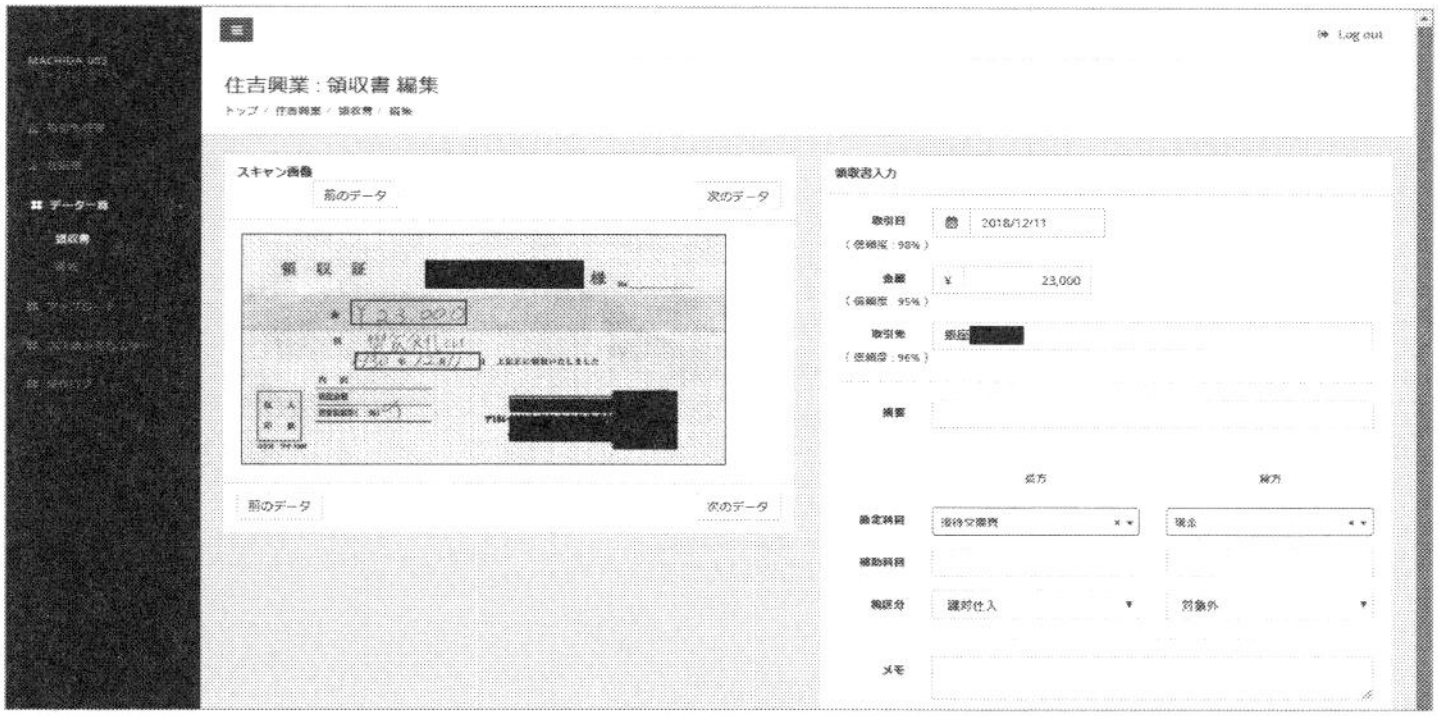

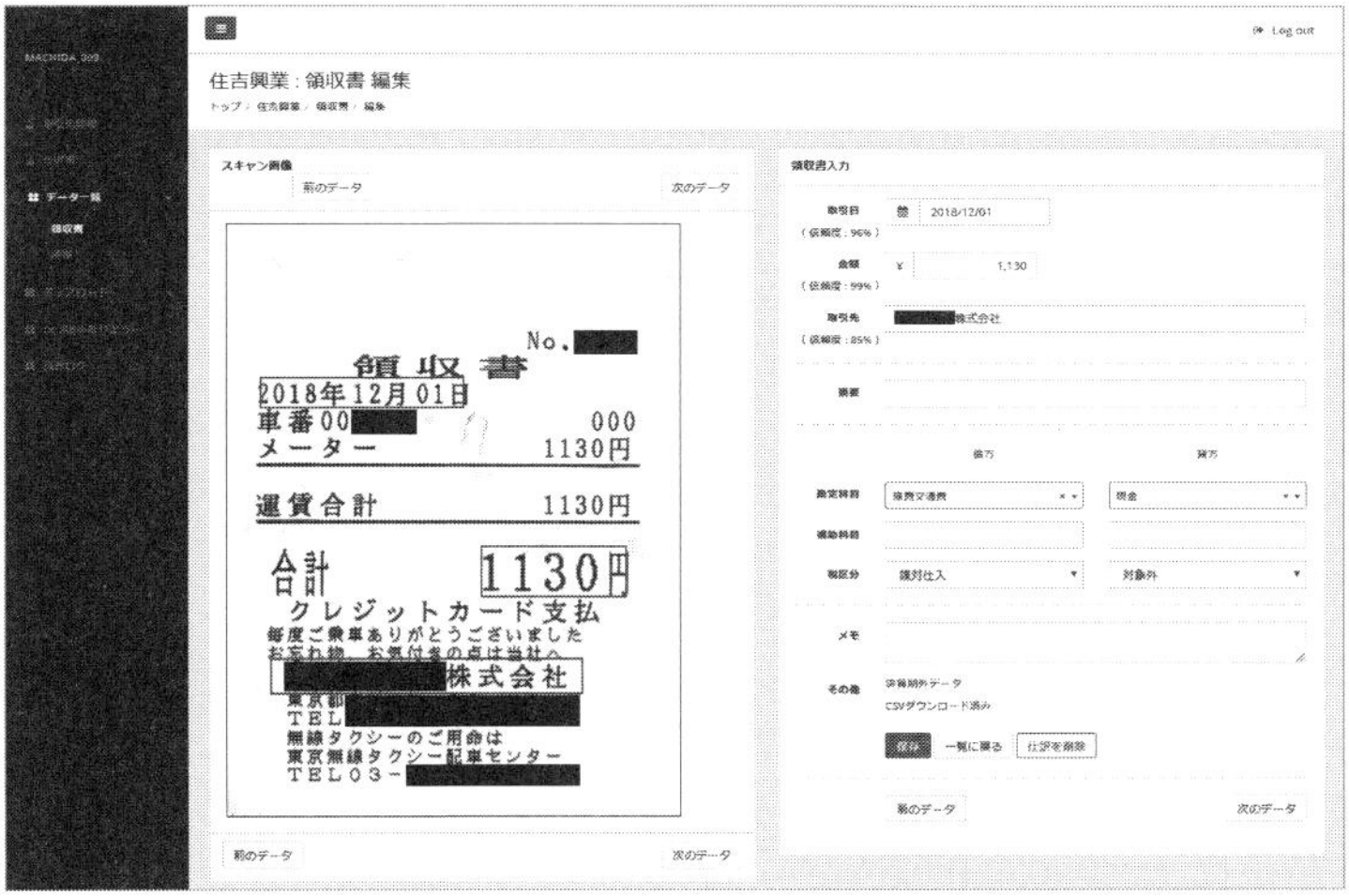

ちあロボ（現在開発中。画面はイメージです）

クラウド会計ソフトの実践力

「効率的に数字を作るための❹の「クラウド会計ソフトの導入」の説明に入ります。こちらも欠かすことのできない重要なツールです。

2017年8月の時点で、中小企業等におけるインストール型を含む会計ソフトの利用率は54%、そのうちクラウド会計ソフトの利用率は14%という調査がありますが、現在、この数字は上昇し、今後もますます上昇していくと思われます。

会計ソフトには、インストール型の会計ソフトと、クラウド会計ソフトがあり、使い勝手が違います。

クラウド会計ソフトとは、クラウド上で動く会計ソフトのことです。

クラウド会計ソフトは、ネット経由なので動きの速さに難がありますが、API

(Application Programming Interface) 連携設定を行うことにより、ネット上から様々な情報を収集する「自動取込」という強みがあります。

たとえば、ネットバンキングに会計ソフトからアクセスし、必要な情報を自動で取り込んでくれます。

ネットバンキングであれば、口座の入出金明細や摘要欄の記載、Ａｍａｚｏｎであれば買い物をした商品名、金額、日付など、クレジットカードでも利用店舗、金額、日付など、仕訳に必要な情報のほとんどを自動的にネットから吸い上げてきてくれます。

ＡＰＩ連携が可能な、銀行通帳やＡｍａｚｏｎ、クレジットカードなどの入力に多大な労力を費やしているなら、クラウド会計ソフトを通して取り込むことで、効率化するばかりでなく、人力による入力ミスも軽減できます。

とはいえ、そもそもネットバンキングを利用していない人も多いかと思います。

もし、「なんとなくセキュリティが心配」「やっぱり実際に銀行に行ったほうが安心感がある」などの理由で敬遠しているのだとしたら、非常にもったいない話です。

たとえば銀行に行く時間や待ち時間を節約できますし、一度に複数の振り込みができるので手間も大幅に省けます。

特にメガバンクはセキュリティも最高レベルに強固ですし、法人で利用する場合は月数千円の使用料がかかるとしても、それを補って余りあるメリットがあります。

クラウド会計ソフトは、現在、様々なものがありますが、「クラウドにある」という優位性を活かし、最大限便利な機能を競っています。

たとえば、大手のクラウド会計ソフトはオプションで「経費精算フロー」もついています。

社員がタクシー代の精算をするときにスマホで写真を撮って、アプリで申請を上げ、それを上司が承認する。そのプロセスを経ると、裏で自動的に仕訳され、また、経費精算の振り込みに連動させることもできます。通常のフローでは一般社員が経費精算をするときに勘定科目を選びますが、2、3割は間違いで、差し戻すか経理側で修正しています。ＡＩが領収書を読み取り、勘定科目を判断してくれれば、無駄なやり取りが省けます。

また、給与計算機能では、給与計算だけではなく、スマホで給与明細が見られるウェブ明細サービスも備えていることが多いのです。

クラウド会計ソフトのAPI連携は他に、楽天、アスクルなど、本当に様々で、その他のネット上サービスの情報を自動的に会計ソフトの中に取り込んでいっています。様々なネット上の顧客情報にアクセスし、自動収集してしまうのです。

これは、素晴らしいポテンシャルを持つ機能です。

会計処理の基本となる仕訳は、領収書を見て「日付」「金額」「支払先」の情報を元に、どんな趣旨の支払いなのかを判別し、科目を登録して「仕訳」を作りますが、クラウド会計ソフトでは、これらの情報をネット上の自動データ収集でキャッチするので、領収書を郵送したり、受け取りに行ったりする手間が省けます。

そして、基本情報（日付・金額・支払先）がすでにインプットされた状態で「何に使われたのか」を読み解いて仕訳を作っていきます。

入力項目も少ないので効率が良いうえ、いちいち仕訳の種類を登録しなくても、「前回はこの支払先は仕入れだった」「この支払先は消耗品だった」など、自動仕訳ルールにより過去情報から学習し、今回の仕訳も予測してくれます。

この機能は「ちあロボ」とも共通しており、最初に過去に登録したルールが適用され、初めての取引先のときにはＡＩが推測します。

クラウド会計ソフトを使うことにより、入力の手間や時間が大幅にカットでき、正確な情報をリアルタイムで集められます。クラウド上にデータがあるので、たとえ遠隔地でもインターネットさえつながれば情報の共有ややりとりができるのもメリットの1つです。

これが基本的なクラウド会計のすごさですが、さらに上を行く点があります。**これらのデータはクラウド会計ソフト上に果てしなく集まり、ビッグデータになる**ということです。

たとえば、

- 飲食業の会社にとって、Ａ社への支払いは仕入れ
- 建設業の会社にとって、Ｂ社への支払いは外注費

というように、「取引主体の会社×支払先」の情報から、どんな内容の支払いなのか、どんな仕訳をすればいいのか、ビッグデータから推測し、最終的にはほとんど判断が

いらない状態に近づいていくと予想されます。

「今使っている会計ソフトをクラウド会計ソフトに変更するのは大変」と思うかもしれませんが、将来的にはクラウド会計が普及する流れは明らかです。

たしかに移行自体は大変かもしれませんし、それなりに時間もかかります。

ただ、移行が完了した先には驚くほど楽な世界が広がっています。

クラウド会計への移行が終わったある経理の方は「もう昔みたいに仕訳入力するなんて考えられない。ぞっとする」と話すほどです。

どのプランにするかで変わってきますが、クラウド会計は月数千円から導入できるので、それほどコストもかかりません。**クラウドは今後の会計インフラになる**という意識で、ぜひ早めに使い慣れておきましょう。

人手不足のときにこそ導入を

特に、人手不足に悩んでいるのなら、クラウド会計ソフトの導入は高い効果が得られます。「ただでさえ人が足りないのに、さらにそんな手間がかかるようなことを……」などと思わず、真剣に導入を検討してください。

たしかに、クラウド会計ソフトを導入するということは、「ちあロボを使い始めます」ということとは比較にならないくらい重大な変更になります。

今までの会計ソフトで正しく回っている状態を手放して、新しい会計ソフトに乗り換える。これは、慎重に慎重を重ねて、最も自分の会社、状況にフィットする方法を確認し、乗り換えなければなりません。

過去のデータを取り込んだり、新しい科目体系を設定したり、かなりの時間と労力を要する覚悟が必要になります。

ただ、それだけのことをしてでも、クラウド会計ソフトに乗り換えることを私はおすすめしたいのです。

これは、当社のお客様で従業員100名規模の、ある会社での話です。

3人いた経理のうち1人が辞め、その結果、作業が遅れに遅れて試算表を出すのに3ヶ月かかってしまうという状態になっていました。

これでは、経理の情報をスピーディに経営に活かすことができません。

採用もなかなかできず、すぐには人員の補充も難しいということで、当面は弊社が人材派遣をしてサポートすることになりました。ただ、これだけでは場当たり的で、すぐに限界がきます。

この会社はそのとき、業績が伸び、業務量もどんどん増えている状況でした。

業績が伸びているのは喜ばしいことですが、人が足りないのに仕事ばかり増えていったら、残ったスタッフがパンクしてしまうのは時間の問題です。

そのため、抜本的な対策として、提案したのがクラウド会計ソフトの導入でした。

私の説得に、社長は決断してくれました。

その結果、今では弊社が手伝わなくても、2人体制で日々の経理業務をこなせるようになっています。それだけではなく、15日程度で試算表を出せるようになったのですから、その威力がわかります。

人が減って、業務量が増えても、クラウド会計ソフトによって大幅に効率がアップしたのです。

今後、少子化が進む日本では、労働人口がさらに減少することが予想されています。すでに経理部門では大きな会社でさえスタッフを雇いにくい現状があります。

しかし、クラウド会計ソフトを活用すれば、細かなルールは会計ソフトが記憶してくれています。引き継ぎも簡単で、人が減っても、負荷がかからずに業務を回していくことができます。

検索社会に対応する「タグ機能」

当社では「freee」と「マネーフォワード」という2つのメジャーな法人向けクラウド会計ソフトを活用していますが、それぞれに特徴があり、状況により使い分けています。

「マネーフォワード」は従来の会計ソフトをそのままクラウドに乗せ換えたような形なので、会計の実務経験や会計ソフトを触っていた人にとってはなじみやすいと思います。「会計ソフトは使ったことがあるけど、クラウド会計はよくわからなくて不安」という場合におすすめです。

一方、「freee」は仕訳を意識せずに会計処理をするという、既存の会計ソフトとは全く違う発想で作られているところに特徴があります。

両ソフトには仕訳にタグ付けできる便利な機能があります。経費にしろ売り上げにしろ、タグ機能を活用することで自由自在に検索でき、様々な切り口でデータを取り出して、横断的に分析することが可能です。

このタグ機能は「数字を使う」という点では大きな武器になります。

ここでＩＴ好きと自負していた私がショックを受けた笑い話があります。

40代の私の世代は、電子ファイルは「いつ・誰が探しても見つかるように、フォルダの保管ルールを守って正しい場所に保存すべき」という共通の認識をもっており、私も完全にその通りだと思っています。

フォルダ分けのルールをロジカルに設計することにより、他の人が探し回ることがなくなり、とても便利に使えます。

ところが、今の20代は違います。今は検索社会になっており、ネット検索で「一発で答えにたどり着く」ということが当たり前の時代に育っています。

みなで共有すべきフォルダについても、「どこにデータが置いてあっても、キーワードで検索すれば一発で見つかる。フォルダ分けする意味がない」と言うのです。

ファイルの名前のルールをしっかり守っておけば、もはやフォルダ分けの必要すら

ありません。サーバーのどこかのフォルダにあらゆるファイルを保存すればいいということになります

これを聞いたとき、「自分はもう古いタイプの人間なのか」とショックを受けました。

会計ソフトにあてはめると従来の勘定科目の下に補助科目がぶらさがる形のツリー構造の会計ソフトがフォルダ世代の考え方だとすれば、タグ機能で検索も集計もできる「freee」や「マネーフォワード」は、これからの検索世代の会計ソフトといえるでしょう。

まずは自分に合ったソフトを試してみるのがいいと思いますが、**どのソフトを使うにしても、大事なのは「数字を有効に使う」という目的意識を持つこと**です。

目的に沿って数字を蓄積できる仕組みや枠組みを作り、様々な切り口でデータを取り出し、数字を経営に活かしていくことが大事だということを忘れてはいけません。

IT先進国エストニアが示す未来

ここで、日本の少し先の未来の話をしましょう。

バルト三国のエストニアという国をご存じでしょうか。

人口わずか134万人の小国でありながら、エストニアは最先端の電子立国として、今、世界で最も脚光を浴びている国の1つです。

以前は旧ソ連に属していましたが、1991年に独立、位置的には北欧に近く、特にフィンランドとは深い結び付きがあります。

独立当時、エストニアには旧ソ連のITとバイオの研究拠点があったことから、国家としてこの2つを国の柱にするという方針が打ち立てられました。

つまり、非常に早い段階から、政府レベルでITのフル活用が可能になる仕組みづくりを進めてきたといえます。

現在、エストニアでは行政手続きの99％をネット上で行うことができます。その仕組みは、たとえなんらかの理由で地理上の「エストニア」がなくなることがあっても、ネット上に「政府」が残るといわれているほどです。

また、スカイプ出身者を筆頭に「エストニアンマフィア」と呼ばれるベンチャーも盛んで、ネットを通じてグローバルに展開するスタートアップが次々と生まれています。

さらに、国民1人1人に日本のマイナンバーに相当するＩＤ「ｅＩＤ」が割り振られ、そのＩＤでほとんどすべての個人情報を集中管理されています。

住民登録、運転免許証や健康保険証、年金、電子カルテなどの医療データ、銀行口座、納税履歴、職歴、自動車のナンバー登録など、あらゆることがＩＤと紐づけられています。

ＩＣチップが搭載された「ｅＩＤ」カードの所持は義務化されており、エストニア国民は、この「ｅＩＤ」カードを日常生活の様々な場面で使用し、国外からアクセスしてもサービスが受けられるようになっています。

たとえば、エストニアの病院はすべて、電子カルテになっています。その電子カルテの情報はＩＤに紐づけられているので、病院で診てもらった患者は処方箋《しょほうせん》を紙でもらうことはありません。薬局で「ｅＩＤ」カードを見せれば、必要な薬を処方してもらえます。

いってみれば、「ｅＩＤ」カードが自動的に「おくすり手帳」にもなるのです。

ちなみに、「ｅＩＤ」でできないのは「結婚」「離婚」「不動産売買」の3つだけで、これは「当事者と対面しての意思確認が必要」という理由からです。

いずれにしても、日本のマイナンバーとは国民生活への浸透度が格段に違います。個人情報を管理されることへの抵抗感が薄いのは、それだけ政府に対する信頼度が高いということなのかもしれません。

外国人がエストニアのＩＤを持つことも可能です。居住権はありませんが、ネットで簡単に銀行口座を開設したり、会社を作ったりすることができます。大使館でごく簡単な面談を受けることを求められますが、取得費用は約1万円という手軽さも魅力です。

私も好奇心からエストニアのＩＤを申請し、「ｅＩＤ」カードを取得しました。今はこれといって使う機会もありませんが、チャンスがあれば試してみたいと思っています。

エストニアの町並み

クリック3回で確定申告が終了

このエストニア、会計士業界では少し有名です。というのも「ＩＤによる完全自動化により会計事務所の存在価値がなくなっている」という話があるのです。

驚くべきことに、エストニアでは「確定申告がクリック3回で完了」するのです。

事業のないケースだと思いますが、たとえば個人の給与、社会保険の加入状況や支払情報などから国のほうで自動で収入・支出を集計し、それを元に確定申告を組み、納税額を計算してくれます。

納税者は確定申告の内容の確認のみで終了するので、特に修正がなければ、サイトの画面を確認しながらクリック3回で、確定申告が済んでしまいます。

実にシンプルで、素晴らしい仕組みです。

シンプルと言えば、エストニアの税制のルールもびっくりするくらいシンプルです。税率は法人の利益に対して課税がされず、配当するときは20％。所得税も20％、消費税も20％です。この非常にシンプルな税制構造は専門家でなくても容易に理解でき、専門家の説明やサポートなどは一切不要です。

こうした税制が生まれた背景には「会計のプロフェッショナルなどの人材が、税制にかかわるサポートを仕事としてしまうのはもったいない」「会計のプロフェッショナルは単純作業ではなく、起業して新ビジネスを創設すべきだ」という発想があったそうです。このような状況を受けて、「エストニアでは税理士や会計士が不要になり、それらの職業は消滅した」との話が聞かれるようになりました。

本当に、エストニアで税理士・会計士が消滅したのだとしたら、それは、将来、日本にも起こることかもしれません。また、「最も効率的に数字を作る」ということで言えば、エストニアほど進んでいるところもないでしょう。

「エストニアの実情をこの目で確かめたい！」

そう思った私は、２０１８年9月、４泊5日の「視察ツアー」に参加することにしました。

「選択と集中」のマインド

現地集合でスタートした私たちツアーの参加者は、まず電子政府に関するコンサルティングを行うNPO「e-Governance Academy」で電子国家エストニアの概要についてのレクチャーを受けました。

ここで聞いた話は、エストニアの先進性を示すものばかりでした。

エストニアでは政府と民間の役割分担が非常に明確で、「eID」のデータを整備するのは政府の仕事、そのビッグデータを利用するのは民間の仕事です。

すべてのデータは「X-ROAD」というICT共通基盤で一元管理されており、民間は「X-ROAD」のデータベースを参照し、様々なビジネスを創出することに役立てることができます。

たとえば、車両データも「X－ROAD」で一元管理されているので、ナンバーから検索すれば、車種や保険の加入状況、事故履歴、などが誰でもわかります。

これらのデータを利用して、その車両にフィットするマットや付属品などが一覧で買える通販サイト・修理業者の紹介・中古車売買もそのまま展開されているそうです。

消費者としても、いちいち検索したり、たくさんのサイトを見て比較検討したりする手間が省け、非常に効率がいいと感じます。

次に向かったのは「e-Showroom（エストニア電子政府ショールーム）」で、ここではエストニア政府がこれまでどのように変革を進めてきたかの説明と、実際に生まれているベンチャー企業の動きなどを説明してもらいました。

印象的だったのは、スピード感です。2005年頃から毎年のように新しい制度を導入していると聞いて、「政府レベルでそんなことができるなんて、すごすぎる！」と驚きました。

また、人口が少ないということで、人海戦術が必要なビジネスモデルは最初から捨てており、「国内市場は無視（マーケットが小さすぎる）」「営業マンがいなくても売れる」

「人がいなくてもサービスが提供できる」という3点が基本となっています。

さらに、ネットで拾える8割だけを相手にし、「人手や設備が必要な残り2割は一切相手にしない」ということで、国全体のマインドとして効率化に対する意識が非常に高いと感じました。

エストニアという国が「小国」であることを逆手にとって世界随一の電子国家を作り上げたように、エストニアのベンチャーも徹底した「選択と集中」で、少人数でも大きな仕事をするマインドが根付いていることがうかがえました。

エストニアの有力ベンチャー企業が集まることで有名なシェアオフィスなども見学しましたが、どのベンチャーも10人いないくらいの少人数で、ネットで「圧倒的に便利なサービス」をいかに展開するか、しのぎを削っていました。

今回のツアーで話を聞いた現地のベンチャー企業の中には、正直、「それはビジネスとしては微妙かも……」というところもありましたが、「ベンチャーは失敗も当たり前」と、ダメならすぐに次のビジネスを考えるフットワークの軽さも印象的でした。

競争は厳しいはずなのに、自分たちの技術やアイディアを囲って守るのではなく、

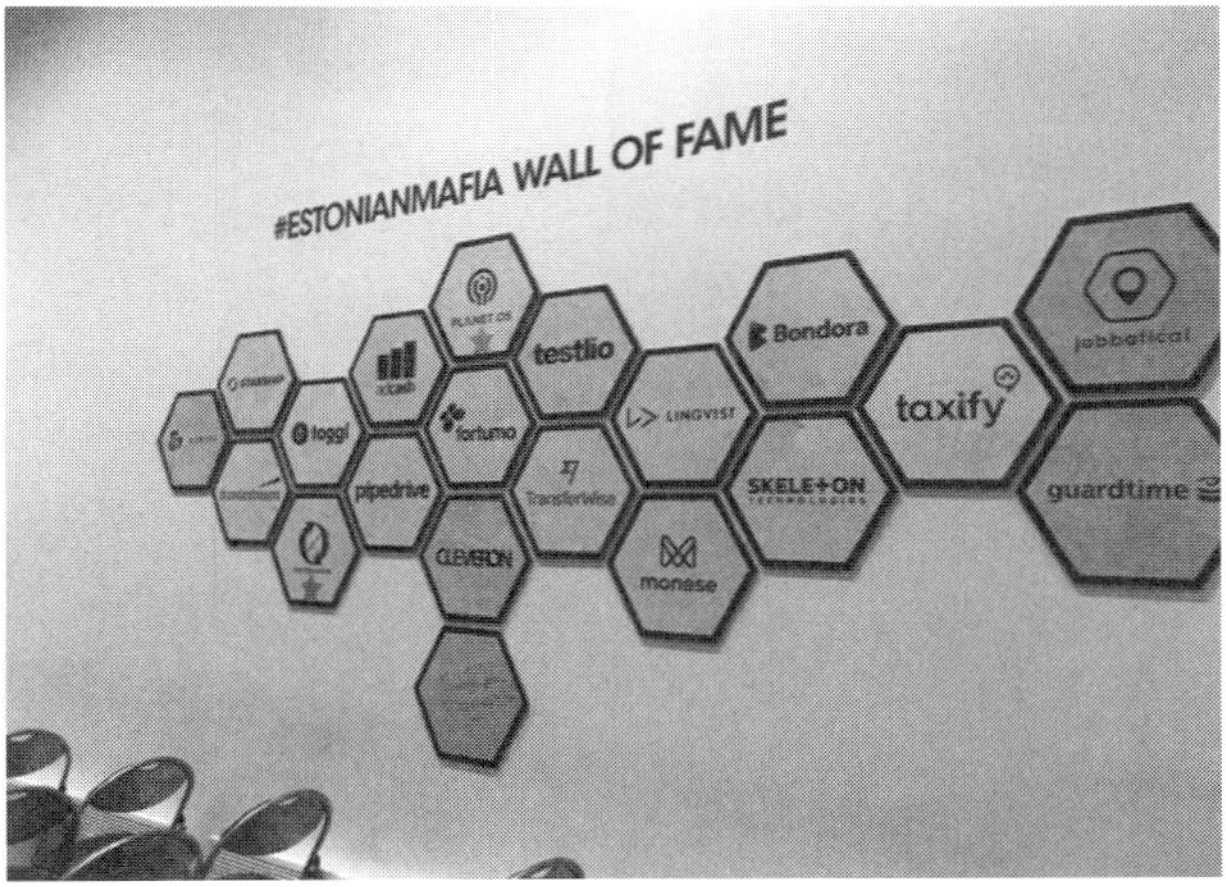

シェアオフィスの会社の看板

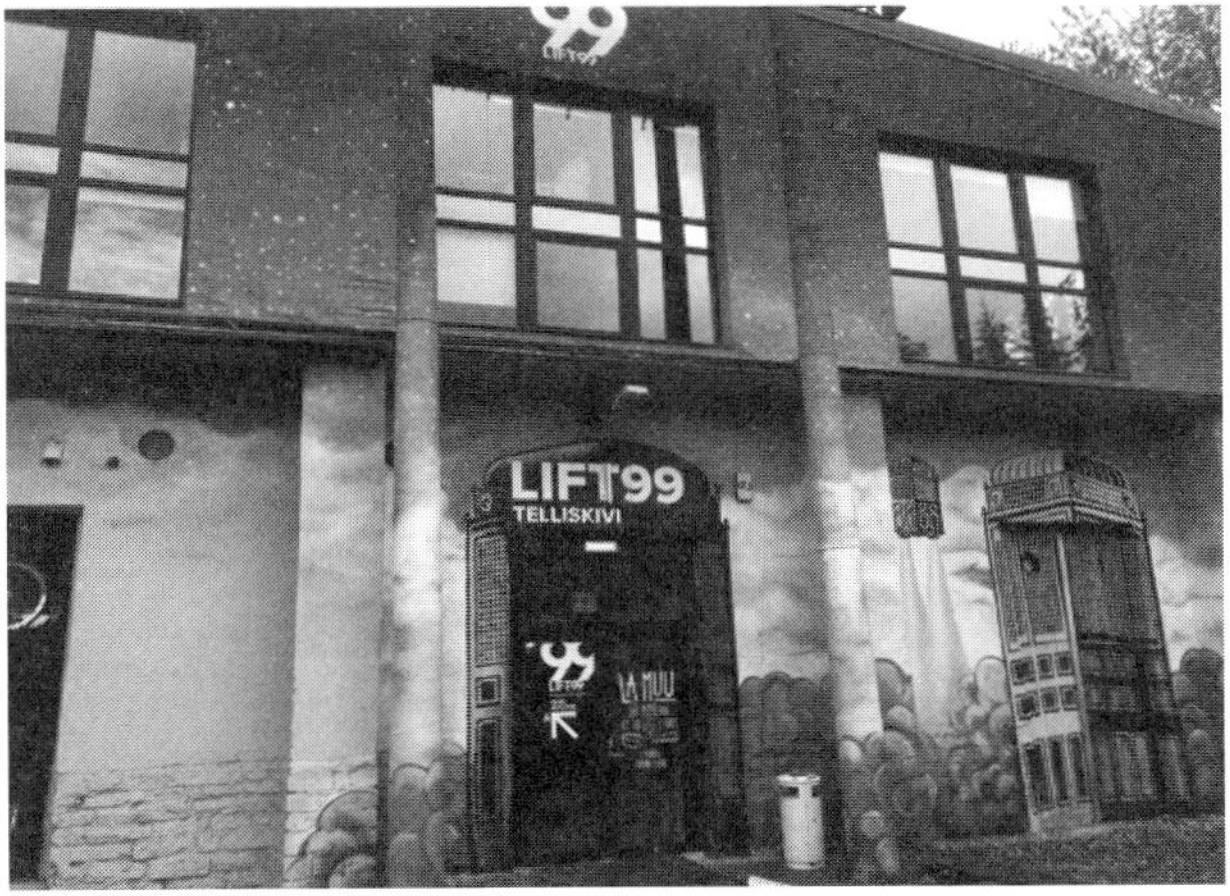

古い倉庫を利用したシェアオフィス

周りに公表しながらみんなで形作っていこうという、非常にオープンなスタイルです。

外国人もＩＤを取得できることからわかるように、外国人であってもエストニアで起業するハードルは低く、実際、今回のツアーでもエストニアでベンチャーを立ち上げた外国人にも会いました。

エストニアと日本では状況も制度も歴史も大きく違いますが、「最も効率的に数字を作る」という視点から、「ネットでのデータ連携」、「マーケティングのマインド（１００％は取りにいかない）」、「少人数で大きな付加価値を生む」、「その付加価値をネットを通して全世界に発信する」、「ネット経由で売るためには圧倒的に便利なものでなくてはダメ」など、日本に取り入れられる部分も非常に多いと強く感じました。

イケてない会計事務所

このシェアオフィスでは、ベンチャーを立ち上げた若者たちが裸足《はだし》で歩き回っていて、その姿がなんだかとてもかっこよく見えました。また、エストニアの街を歩いていると、古い建物がベンチャーのシェアオフィスになっていたり、おしゃれなデザインが目についたりと、世界最先端の電子立国ならではの「イケてる」感がいっぱいです。

ところが、そんな今回のエストニアの旅で訪れた中で、唯一「イケてない」所がありました。

それが会計事務所でした。

日本で聞いていたのと違い、実際に行ってみると、エストニアにも会計事務所は存在していました。

しかし、そこで働いている人たちは、それまで会ってきたエストニアの人たちとは明らかに違う雰囲気でした。

服装や雰囲気が明らかに固くて保守的なのです。

「エストニアにもこういう人がいるのか」と、意外に思いました。

改めてエストニアの税制について説明を受けたところ、シンプルな税制になってはいても、法人については個人の場合よりもう少し複雑で、EU内での国際取引も多いため、まだ会計事務所が入る余地があるという話でした。

といっても、経営者側からしたら月50ユーロ（日本円で約6500円）で会計事務所に業務委託できるので、自社で専業スタッフを雇ったり、ソフトを導入して効率化したりするよりも丸投げしたほうがいい、という姿勢で「使われている」感じです。

ショックだったのは、なんと入力を手でやっていたことです。あれだけ電子立国として進んでいるエストニアなのに、クラウド会計の導入や会計自動化については、アメリカのほうが格段に進んでいると感じました。

入力は主に新人の仕事だそうですが、安い報酬なので、それこそ「自動化に労力をかけるより手でやったほうが早い」ということなのでしょう。

ちなみに、エストニアには３０００社ほど会計事務所があるそうですが、ほとんどが1人でやっているというのもわかる気がしました。そして、報酬の安さからみても、エストニアで会計士は尊敬される職業だとは思えませんでした。

ＩＴについていけない「おじさん」がやる仕事。

失礼ながら、そんな印象を受けてしまいました。

けれども、これは他人事《ひとごと》ではありません。

「ＩＴはよくわからないから……」などと手をこまねいているとどうなるのか。

イケてないエストニアの会計事務所の姿に気を引き締めずにはいられませんでした。

国も後押しする自動化・効率化の流れ

エストニアほどではありませんが、実はお隣の韓国でも経理回りの電子化は急速に進んでいます。

日本ではキャッシュレス化が2～3割しか普及していないのに対し、韓国ではすでに9割、電子マネーではなくクレジットカードでのキャッシュレスとして中国以上にキャッシュレスが一般的になっているのです。

また、韓国では2011年から法人事業者は電子税金決算書の発行が義務付けられており、韓国の国税庁のデータベースにオンラインですべて登録されます。

それにより、徴税コスト（国が国民から税金を徴収するのにかかるコスト）がそれまでの半分になったといわれています。

さらには、会計ソフトを使えば申告書の作成は誰でもできてしまうために、税理士・会計士の専門性がほとんどなくなってしまったそうです。

韓国の人にとって会計事務所は「面倒くさい仕事を丸投げする所」という認識のようです。

エストニアに視察に行ったときにはなんとなく「遠い国の話で、日本ではずっと先のお話」と感じていましたが、韓国は日本とも文化の近い身近な国です。

日本でも、すでに経済産業省が「２０２５年までに日本のキャッシュレス決済率を40％にする」という目標を掲げ、政府レベルでキャッシュレス化に向けた動きが活発化してきています。

時代はどんどん変わっていきます。

ポケベルがガラケーになり、スマホへ。これはわずか20～30年の変化です。近い将来、スマホももっと便利なデバイスに取って代わられていくでしょう。

経理の分野においても、クラウド化、ＡＩ、ＲＰＡなど、素晴らしい科学の進歩により、一切、人の手をかけずに、自動的に、リアルタイムで、正しい処理ができるシステムが構築されてきています。

この大きな流れには抵抗できません。むしろこの流れに乗るべきです。無駄な仕事、機械でもできる仕事はテクノロジーの力を活用しましょう。面倒なこと、嫌なことは全部新しいテクノロジーがやってくれる。テクノロジーはあなたの敵ではありません。新しい心強い「武器」です。

テクノロジーを敵にするか武器にするか、決めるのは、あなたの心一つです。

ちなみに、私はテクノロジーを「仲間」と思っています。優秀で働き者で、徹夜勤務に文句も言わない、頼れる存在。

私だけでなく、「効率的に数字を作る」ことを目指す経理にとって、テクノロジーはもはや欠くことのできない大切な仲間なのです。

テクノロジーを仲間にするために

どうでしょう？　あなたもテクノロジーを仲間にしたくなってきたのではありませんか？

この章の最後に、復習になりますが、そのための具体的な手順をお伝えします。

まずは「ちあロボ」のような、現状のフローをあまり変えずに仕訳作成を自動化できるツールを導入しましょう。これは単純に経理の方々の作業時間を削減するものです。

次に、ＲＰＡの導入を検討しましょう。デジタルレイバーに24時間３６５日働いてもらい、バックオフィス業務を半自動化しましょう。

最後に、会計ソフトのクラウド化を導入し、さらなる利便性の向上を試みましょう。

ネットサービスとのＡＰＩ連携があればあるほど便利度がアップしますので、ネットバンクを始めとするインターネットで情報収集できるサービスの活用を広げていきましょう。

会計ソフトの変更は今までの業務フローを大きく変えることになりますが、より便利にリアルタイムで対応ができます。

ただし、すでにお話しした通り、会計ソフトを変えることにはかなりの時間と労力がかかります。

そこへ向けて、「今まで通りのやり方でいい」という経理の方の考えをいかに変え、モチベーションを上げ、ともに同じ目的に向かって進むことができるようになるか。

ここが「攻める経理」への最重要ポイントになります。

次章では、そのための方法だけでない、大切なマインドをお伝えしていきたいと思います。

第4章

新時代、会社の変革はまず経理のマインドから

経理は入力作業が好き

この章は、経理とわかり合えずに悩む社長はもちろんですが、経理担当の方にもじっくり読んでいただき、「攻める経理」を行うにあたっての意識改革のポイントをつかんでいただければと思います。

お客様である多くの社長の話を聞き、私も実際に経験してきての実感なのですが、経理の自動化、効率化が進みにくい原因の1つに、経理の方特有のマインドがあります。

「無駄をなくし、効率を上げて、面倒で単調なルーティンワークをしなくて済むようにしましょう」と言われると、私のようなズボラ人間は「素晴らしい！　すぐやろう！」と、すぐにでも動きたくなります。便利になって、楽ができて、浮いた時間でもっとおもしろい仕事ができるなんて、最高です。

けれども、同じことを言っても、経理の方はあまり乗ってこないことが多いのです。

「そう言われても、そんなに簡単な話ではありませんよ」

そんなふうにやんわりと反対されたりします。

手元を見ずにキーボードで文章を打つブラインドタッチと同様に、熟練した経理担当者はキーボードは使わずにテンキーだけでエクセルや会計ソフトに猛スピードで入力していきます。そのスピードはブラインドタッチよりもさらに上をいく人も多くいます。

勘定科目や日付、摘要欄の記載についても4桁《けた》の数値にルールづけをして保存しておき、4桁の数値でそれぞれ呼び出してガンガン仕訳を入力していきます。

ブラインドタッチでどの場所にどのキーがあるか体で覚えるように、勘定科目の番号を体で覚えてしまうからできる、まさに職人技です。

そんなスキルを持つベテラン経理は仕事がものすごく早いので、自分がやっている仕事を他の誰かに任せようという気持ちには、なかなかならないものです。

他の人やツールに任せても、100%完璧にはできないので、結局チェックをして手直しをしなければなりません。

「それなら最初から自分1人で集中して打ってしまったほうが早い」と考えるのは理解できます。

また、それほどのスキルを持つ人にとっては、朝から晩まで膨大な量の入力を行うことは苦行というより、終わったときの「ああ、今日も仕事を頑張った！」という達成感につながります。

この前提で行くと、「経理を自動化しましょう！」と呼びかけても、逆に「チェックが必要になり、私の仕事が増えるだけです」、もしくは「そんなに私の仕事をなくしたいのですか？」などと勘違いされてしまうかもしれません。

経理の心の底からのYESを取ろう

第2章で、「均質採択」という経理担当者に多い性格についての話をしましたが、要するに、これは着実に同じことを集中して繰り返す能力が高い一方、変化を嫌うという性質です。

また、「完璧が当たり前」というミスが許されない経理の仕事柄、リスクに非常に敏感なところがあります。

経理担当者がリスクに鈍感だと会社が大変なことになってしまうので、これはとても大切な特性です。

ただ、「リスクに敏感」なことと、「新しい取り組みをしない」ということを同じに考えてはいけません。

社長がいくら「クラウド化して経理を効率化したい」「RPAで業務を自動化したい」と思っても、経理担当者が「無理です」「できません」と言っているところに無理やり導入させても、絶対にうまくいきません。経理担当者には心から納得、賛同してもらって取り組んでもらうことが必須です。

では、どうしたら経理担当者が喜んで賛同してくれるのでしょうか？

それにはまず、その人が何を不安に思っているかを知ることです。

多くの経理担当者がクラウド化やRPAに限らず、新しい取り組みに対して慎重になるのは「苦手な分野や知らないことには手を出したくない」という心理が働くからです。

すでに固定されている方法を実行するのが最もリスクが小さいのは間違いありません。リスクに敏感な性質上、どうしても失敗したときのこと考えてしまうので、「最初から『やりません』と言ったほうがいい」ということになります。

失敗したときの責任もあるし、リカバリーに追われ、「結局大変なのは言い出しっぺの社長ではなくて、自分」というケースもあるでしょう。

どんなにネットバンキングやクラウド化やRPAを導入したほうが便利だと言わ

れても、やったことがないものは不安でしかないのは仕方のないことです。

新しいツールの使い方を教えてもらわないといけないし、覚えないといけないというのは、経理担当者にとっては通常業務にプラスされる「新しい仕事」です。ただでさえ毎日いっぱいいっぱいで仕事をしているのに、その手間をかけるぐらいなら、「今の慣れたやり方のままでいい」と思ってしまいます。

つまり、経理担当者を説得するとき、「こんなに便利になる」「テクノロジーの進化はすごい」などと「新しい」「変わる」という面を強調すると、逆効果になりがちなのです。

「変わる」より「変わらない」ことを強調する

経理担当者との対話では、むしろ「クラウド化しても、経理の仕事はほとんど変わらないんだよ」などと、「変わらない」という点に着目するほうが効果的といえます。

これは決して嘘ではありません。クラウド化や自動化が進んでも１００％完全に置き換わるのは相当先の話です。当面はやさしい部分のみ、さらに最初はごく限定的な導入になるはずです。さらにその行き着く先で経理に残るのは専門家として数字を有効に使うという役割のみということになります。

つまり「プロとして数字を扱う」という意味での「経理の仕事」は変わらないのです。クラウド化やＲＰＡ導入に限らず、今までとは違う仕事を頼むときに、この「変わらない」点に着目することは有効です。

社長「○○をやってほしい」
経理「今の仕事で手いっぱいなので、そんなことはできません」

ここまでは、よくあるやりとりです。まずはしっかりと理由を聞いて現状を理解しましょう。

そして、「これをやってもらっても、基本的に仕事は今までと同じだから」「変わるのは最後の少しだけ」と、「同じ」という点に着目するのです。

言い方一つで経理マインドとしてはずっと受け入れやすくなるということを知っていただきたいと思います。

あるお客様から「クラウド会計をやりたいんだけど、経理に『できない』と反対されて……」と相談を受けました。

そのお客様の会社の経理担当者は先代から経理を一手に引き受けている勤続30年のベテランのAさんです。Aさんは会社のことを何から何まで、社長も知らないようなことまでも知り尽くしている存在でした。

社長はAさんを完全に信頼して、銀行対応を含めた財務から経理まで丸投げし、Aさんも社長の信頼に応《こた》え、しっかりとした対応をしてきました。

このような関係が続いてきたので、社長といえども、なかなか強くは出られないということでした。

そこで私は、社長からAさんに「仕事内容は今までとほとんど同じだけど一部だけ自動化していこう」と伝えるようアドバイスしました。つまり、「新しい仕事」ではなく「基本的には同じ」というアプローチです。

もちろん、新しいツールの導入にあたっては、スムーズに移行できるよう、サポート体制を整えることが必要です。このケースでも、私たちがクラウド会計の導入を全力でサポートすることにしました。

すると、最初は疑心暗鬼だったAさんも、一度やり方をつかむと、「こんなに簡単にできてしまうんですね」と笑顔で話すようになりました。

もともと、会社の数字を知り尽くしているので、ルーティンワークから解放された分、出来上がった数値を活かしていく仕事にじっくりと時間を使えるようになり、経理の知識と経験をより経営者側の立場で活用することができるようになりました。

「紙の領収書についても自動化サービスがあるようなので、使ってみてもいいですか？」

「社長、設備投資をするなら、9月までに行ってください。利益が出るので税制優遇措置を使えます」

「店舗からの売り上げ報告をもっと簡単に早くしたいので、スマホレジを検討しませんか？」

などと、会社全体を考えた深い進言をしてくるようになったと、社長が驚いたように報告してくれました。こんなふうに、ほんのちょっとアプローチを変えるだけで経理担当者の理解と協力が得られます。

さらに、経理担当者自身も本来、自分が持っている細かさや真面目さを経営に積極的に活かすことができ、大きな充実感がもてるようになります。モチベーションが上がるのはもちろん、そんな環境を用意してくれた社長との関係も強くなるのです。

「不安」を「安心」に変える

経理に新しいテクノロジーを導入するときも、やはり安心をきちんと伝えることが必要です。

たとえば、ネットバンキングに対して、こんな不安を持っている経理担当者がいるとします。

- セキュリティは大丈夫？
- コストが高くつくのでは？
- 使いにくいんじゃないか？

こうした不安を一つ一つ「安心」に変えていく努力を惜しまないようにしましょう。

まず「セキュリティ」ですが、「ネットバンキング」はお金に直結するので、「ウイルスに感染したら？」「なりすましは大丈夫？」「詐欺にあったら大変！」と心配し出したらきりがありません。

しかし、ネットにつながるものはなんでも危険、というわけではありません。第2章でも触れましたが、ネットバンキングのセキュリティは最高レベルですし、「ウイルス対策ソフトをインストールする」「ソフトウェアのアップデートを頻繁に行う」といったごく基本的な対策も効果があります。

次に「コスト面」ですが、月数千円の手数料がかかるとしても、銀行の窓口へ行き、順番待ちをする人件費を考えたらよっぽどコスト減になります。

最初は「ネットバンキングの手数料は余計なコスト」と思えても、次第に「ネットバンキングを利用したほうが得」ということがわかってきます。

現在、金融機関は窓口業務の担当者を減らしており、支店や拠点の統廃合も進めています。明らかにネット経由での取引で完結できるので、窓口の必要性が急激に下がることへの備えであるともいえます。今後、銀行はネットバンキングを前提としたサービス構築をますます進めていくと予想されます。

そうなれば、「ネットバンキングを利用しない」企業と「ネットバンキングを利用する」企業の差は、業務効率や便利さ、正確性、速さなど様々な点でどんどん開いていくことになるでしょう。

「難しくて使いにくいのでは?」という不安に対しては、「まずは、やってみてほしい」という答えになると思います。

初期設定で戸惑うことがあるかもしれませんが、実際にやってみると、とても簡単だということが実感できるはずです。

また、経理の中で「やってみてもいいかな」と思っているスタッフから試してもらうといいでしょう。この「まず、やる気がある人から始めてもらう」という方法はいろいろなケースで応用できます。

ただ、今まで運用がうまく回っている経理の流れを大きく変えるのですから、ある程度の時間がかかること、新しいツールを適用した後の業務フローを改めて構築すること、過渡期は負荷が増えることなどはあらかじめ伝え、納得してもらう必要はあります。

それでも、その後には今より圧倒的に便利で快適で幸せな世界が広がっていることは間違いないので、そこを十分に伝えて、信じてもらうことです。

パソコンが苦手な経理をどう変えたか

経理担当者が「パソコンはよくわからない」という苦手意識を持っていると、いまだに現金やファックス、電話で経理をやっていたりします。

けれども、そうした「アナログ経理」をやっている会社こそチャンスです。エクセルに手で入力していたり、古いソフトを使っていたりするのだとしたら、たとえばクラウド化で一気に効率アップすることができます。つまり、それだけ伸びしろが大きいということです。

以前、コンサルティングをさせていただいた企業は、まさにそれに当てはまるケースでした。

その企業は、関西に10ほどの体操教室を展開していて、創業社長と経理責任者が、二人三脚で会社を大きくしてきました。

私がコンサルでお会いしたとき、社長は70代、経理責任者は60代でした。

経理責任者は、典型的な「パソコンは苦手」という人で、仕事はほとんど電話とファックスで行っています。自分自身が使えないことから、全国にある教室の生徒の入退会や休会、月謝や入会員等もファックスで報告させていました。

しかも、月謝や入会金の支払いはすべて現金で金庫に保管し、自動引き落としや振り込みにも対応していないというアナログさでした。

各教室から送られてくるファックスを、本社の経理スタッフが一つ一つエクセルに入力していくのですが、「今月は○さんの月謝をもらっていません」「2ヶ月分まとめてもらいました」「兄弟で通ってますが兄の分だけ支払いがありました」など、ランダムな情報が入り乱れ、ミスが連発していました。

金額のズレや入力の間違いが積み重なり、未入金の会員への督促も満足にできない状態でした。

その督促も、経理責任者が各店舗に「○○さんに督促しておいて」と電話で指示を出すのですが、その後の回収状況などは誰も把握できておらず、未回収金は増える一方でした。

あまりにも混乱していたので、まずは経理業務を代行することから始めました。月4回の派遣で明らかになってきたのは、経理責任者が入力のようなルーティンワークからお客様対応まで非常に多くの仕事を一手に引き受けているということ。そして、それは案の定、その人でなければわからないやり方で業務が行われていたことです。

そう、ここまで何度か述べてきた「経理のブラックボックス化」です。

しかも経理責任者は年齢的なこともあり「そろそろ引退したい」という意向を以前から社長に告げていました。

社長は経理がわからないので、「小口出納帳を作るのは難しい」という先入観がありました。自分の右腕ともいえる経理責任者の負担を少しでも軽くするため、ベテラン経理を探していたのですが、社長が求めるような人材は、求人しても、なかなか見つからなかったそうです。

しかし、実際は「エクセルに手入力して小口出納帳を作る」のは難しくもなんともなく、アルバイトでもできる簡単な仕事です。

そこで、経理責任者が抱えていた仕事を難易度などをもとに切り分け、10個のステップに整理することにしました。

ステップ1〜5

各教室から来たファックスをエクセルに手入力。不明なところを電話で確認。

ステップ6〜7

未回収金の回収（督促など）。お客様対応。

ステップ8〜10

資料（1ヶ月ごとの売り上げ、各教室の売り上げ順位、キャンペーンの効果など）を作る。

将来のキャッシュフローを予測し、経営に反映させる。

「ステップ1〜5」は、ルーティンワークなのでアルバイトに任せます。

「ステップ6〜7」は、お客様に合わせた個々の対応かつ人間的要素が必要なので正社員が担当します。

「ステップ8〜10」は、経理責任者と社長、そして私の3人で一緒に行うことにしました。

これにより、引き継ぎをスムーズに行い、経理責任者が安心して退職できる体制が1つ、整いました。

次に行ったのは、タブレット端末を各教室に配布し、入退会や支払いなどはタブレットに入力してもらい、店舗と本社で情報を共有できるようにしたことです。

その結果、リアルタイムで「今日は何人入会した」「今月は何人だった」というデータや入金額がわかり、教室ごとの売り上げや未回収金額も把握できるようになりました。

誰がどれくらい月謝を払っていないのかという正確な情報に基づいた督促も可能になり、以前のような、電話で「払った」「払っていない」といったお客様とのやりとりもなくなりました。

この会社では経理担当者だけでなく社長もパソコンが苦手だったのですが、それでも「各教室にタブレット」という方向転換をしたのは、「これで未回収金を回収できます」と提案したからでした。それぐらい、未回収金が積み上がってしまっていたのです。

いわば、背に腹は代えられないという状態での決断でしたが、この「タブレット使用」への転換は大成功でした。

弊社から派遣していた経理代行も必要なくなり、弊社に支払っていた月20万円が0円になりました。

使い始めることで、タブレットの「便利さ」や「早く」「安く」できるメリットを知ったこの社長には、「もっと早く使えばよかった」と、とても喜んでいただくとともに、経理責任者にも「これで心置きなく引退できる」と安心していただくことができました。

「自分の仕事がなくなってしまう」のが不安

クラウド化やＲＰＡの話を聞いて、「そんなすごいことができるのか！」と前向きになるのが経営者マインドだとしたら、「自分の仕事がなくなってしまう」「給料が減らされる」と不安でたまらなくなるのが社員のマインドです。

たしかに、新しい時代の新しいテクノロジーは、それまで人間が行っていたことを代替するので人間の仕事をなくしていくという面があります。

そろばんと手書きの帳簿が会計ソフトというテクノロジーで一掃されたのと同じことが、今、ＡＩという新しいテクノロジーの到来によって起こりつつあります。

実際、経理が多くの時間を使ってきた入力や仕訳などの仕事は、これからどんどん自動化し、機械に置き換えられていくことになるでしょう。

数年前から「ＡＩでなくなる仕事」が話題になっています。これによると、「税務申告書類作成者」「データ入力係」は、コンピューターやＡＩ、ロボットなどに置き換えられ、10年後には99％という高い確率で「消滅する」とされているのです。

けれども、「自分の仕事はなくなってしまう」と悲観することはありません。

お話ししてきた通り、新しい時代とともに、経理の活躍の場はどんどん広がり、ますます輝くことができるのですから。

時代の変化は大チャンス

実際、私自身も、そうした時代の流れの変化をこの目で見てきました。

「はじめに」でも述べましたが、私の父も会計事務所を経営していました。私は小さい頃から自宅兼事務所の中で走り回っては、番頭さんに怒られて泣いていたものです。

そろばんと手書きの時代だった当時、父の事務所のスーパーエースは森（仮名）さんという人でした。

なぜ森さんが「スーパーエース」だったかというと、手書き帳簿の時代ですから、どうしても1円合わない、という場面がたまに訪れます。そんなとき、森さんは発生した1円のズレを誰よりも早く発見できたのです。

通常2時間かけても見つからないズレを、森さんは紙の書類をざーっと見ていくことで、30分もかけずにどこでミスが起きているかを見つけてしまいます。

その森さんの能力をみなが頼りにしていて、「本当に仕事ができる人だ」という憧れの的でした。

しかし、会計ソフトが導入された現代、そろばんができなくても仕事に支障は出ませんし、手書きできれいに帳簿を作らなくてもよくなりました。機械が計算を間違えることはないので、もはや森さんの「すごいスキル」も全く必要とされません。

しかし、それで森さんの仕事は奪われてしまったのでしょうか？

それとも、森さんの給料は下がったでしょうか？

現実に起こったのは、全く逆のことでした。

実は、森さんは現在、社長として活躍しています。森さんは変化に対応し、テクノロジーの進化を味方につけて、給料も以前よりずっと高くなったのです。

これは、森さんが当時もっていた「ミスを素早く見つけられるスキル」のおかげではありません。

森さんは、自分がこれまで培ってきた「すごいスキル」が必要とされなくなったことを嘆くのではなく、働きながらマネジメントの勉強をしていました。

時代の変化に合わせて新しいスキルを積極的に身につけることが、森さんを成功へと導いたのです。

「自分の仕事がなくなる」と心配して新しいテクノロジーを排除するのではなく、森さんのように時代の流れに合わせて、新しい技術にトライし、使いこなせるようになったほうが自分のためだとは思いませんか？

仕訳の自動化、クラウド会計ソフトにしてもＲＰＡにしても、導入すればそれで終わりというわけではありません。うまく使いこなしてこそ便利になるのであって、そうでなければ宝の持ち腐れです。

決まったことだけやっていればいいという人が多い中、「クラウド会計がわかる」「ネットバンキングに慣れている」「ＲＰＡを使ったことがある」というテクノロジーに通じた経理は今後、引っ張りだこになるでしょう。

ある社長から聞きましたが、アメリカでは現在、税理士としての時間単価と、ＩＴコンサルティングができる税理士としての時間単価を比較すると2倍以上になっているとのことです。ＩＴに通じた経理はとても重宝がられるのだと思います。

会計のプロフェッショナルがテクノロジーを仲間にすると爆発的に活躍の場が広がる。私はそんなふうに思っております。

新しいことに対しては慎重になるのが経理というものですが、新しいことへの挑戦が経験となり、そこから多くを学ぶことができます。

今のような時代の変わり目には、何もしないまま1ヶ月過ごすより、経験値を上げていくほうが強みになるのです。

数字は何のために作るのか

これから、経理の「メインの仕事」は大きく変わっていくでしょう。

これまでの経理は、「数字をミスなく作る」ことがメインの仕事であり「数字ができたらそれで自分の役割は終わり」、ということがほとんどでした。

しかし、その役割は今後、ＡＩなどで自動化され、「数字を作る」だけだったら、これまでの10分の1の時間で、仕事が終わってしまうということになります。

では、浮いた10分の9の時間で、経理はいったい何をすればいいのでしょうか？

その話をする前に、もっと根本的なことを確認しておきたいと思います。


数字は何のために作るのでしょうか？

数字を作るのは、決して税金計算のためだけではありません。

社長が目指すビジョンを実現するにはどうしたらいいのか。

この会社はどこへ向かおうとしているのか。

その答えを探るために、数字を使うのです。

出来上がった数字は単なる「過去の積み重ね」にすぎません。

「過去の数字」を経営者に見せるだけでは、その場しのぎの対応しかできず、会社の「未来」を創り出していくことは難しいでしょう。

本来の経理の仕事は、数字ができたら終わり、ではありません。

数字を作ることは、あくまでスタートラインであるべきで、できた数字をどう使うか、からが本当の勝負と言えます。

たとえば、出来上がった数字を元に経営分析をしたり、社長に「こんなことができますよ」と提案を行ったりしていく。

それが「数字を使う」ということであり、会社をどう経営するかという視点で数字を見ることが必要になってきます。

「そんなの、やったことがないからわからない」と思うのでしょうか？

けれども、入力をする経理の知識があれば、出来上がった数字を解釈することはそう難しくはないはずです。

経理が「数字を作るのが自分の仕事」という時代は終わろうとしています。

これまで、会社の中でどこか特別扱いされてきた経理も、そうした時代の変化にさらされているということです。

もし経理が変われば、「経理が変わったんだから、オレたちも変わらなきゃ」と他の部署も動きだすでしょう。

経理担当者1人のマインドが変われば、その会社の経理が変わり始めます。たった1人でも、経理のマインドが変わるインパクトはとてつもなく大きいのです。

改めて訴えます。

社長の成長が会社の希望となるのと同様に、経理の成長も会社の希望になります。

会社の希望は、社員1人1人のモチベーションを上げ、活気を生み、会社をただの業績の伸びだけでない、もう一段階上のステージへと引き上げる原動力になるのです。

第5章

「攻める経理」が会社を幸せにする

「攻める経理」で伝えるべきメッセージ

本書をここまで読んできた方は、

- 現状の問題点を把握する。
- ＡＩなどを活用して最も効率的に数字を作る。
- 経理が納得できる環境を整える。

という、「攻める経理」を行うために大切な３つのことを理解されたのではないかと思います。

この章では、いよいよ「攻める経理」を具体的に見ていくことにしましょう。

第2章で、会社の経営には押さえるべき3つの数字があると述べました。

「損益分岐点売上高（黒字と赤字の境目）」

「キャッシュフロー（資金の動き）」

「時間あたり付加価値」

この大切な3つの数字のメッセージをどう社長に伝えるか。

それが経理の腕の見せどころであり、会社を変革させる力になるということを、社長も経理も改めて認識してほしいと思います。

経理の数字の使い方次第で会社は成長もし、衰退もするということを、私がこれまで経験してきた実例を元に説明していきたいと思います。

ワンマン社長に「うん」と言わせる数字の力

数字の「客観的に事実を伝える力」、それによる説得力の強さは計り知れないほどです。

この力を効果的に使うことができれば、誰にも止められないワンマン社長も自分の思い込みを捨てて、本当に会社にとって最善の決断を下せるようになります。

ワンマン社長は会社にとって「両刃《もろは》の剣《つるぎ》」ともいえる存在です。

優れたリーダーシップで大胆な決断を推し進めていくことで、会社が大きく成長する一方で、そうした成功体験に自信をもっている社長ほど、「自分の勘」だけを頼りに物事を進めがちです。

優れた社長の勘は会社を成功に導く要素ともなり得ますが、勘だけが頼りの経営ではリスクが大きいことは言うまでもありません。

ワンマン社長が思いつきで次々と出してくる指示に誰も逆らえずに困っている、というケースも多々見受けられます。

そこで、社長の勘を補強したり、軌道修正したりするための「武器」となるのが、数字なのです。自信満々に見えるワンマン社長も、自分の勘が本当に正しいのかどうか、実は不安を抱えているものです。

そんなときこそ、経理の出番です。

都内で焼肉店と居酒屋、喫茶店を多店舗展開するA社は、創業者であるワンマン社長の豪腕で急成長を遂げた会社です。ところが、最近、赤字が続くようになり、「なんとかしたい」と相談を受けて、コンサルティングに入らせていただくことになりました。

A社の社長は、典型的な「直感で物事を決める」タイプの経営者でした。社長の立場が非常に強く、すべては社長の「鶴《つる》のひと声」で決まってしまいます。しかし、社長の勘だけで決めているので、何度も「見込み違い」ということがあったといいます。

その1つが「マッサージの出店計画」でした。

あるとき突然、社長が「マッサージをやろう」と言い出して、フランチャイズ契約を結び、営業を開始しました。

当初は順調だったものの、すぐ近くに競合店が出店し、たちまち客足が減ってしまいました。

これ以上続けても赤字になるばかりという状態になり、早々に撤退が決まりましたが、そうなると1000万円単位の違約金をスポーツジムのFC本部に払わなければなりません。

そこで、どのタイミングでの撤退が一番、損害が少なくて済むか、徹底的にシミュレーションして、損失を最小限に抑えることができました。

また、このA社の本社オフィスにかかる経費は家賃や光熱費などを合わせて月150万円。1階には店舗もあったのですが、この店舗は大きな赤字を出しており、閉店することによるメリットもありました。

しかし、現在の本社オフィスを気に入っていた社長がなかなか「うん」と言いません。「移転の費用もバカにならないし、今のオフィスに居続けたほうがいいんじゃないか」と主張してきます。

今までなら、「社長がそう言うなら」と移転計画は立ち消えになっていたかもしれませんが、私は「今こそ、数字を武器にするチャンスだ！」と考えました。

そこで、3パターンのシミュレーションを作成し、それぞれのパターンを比較してもらうことにしました。

1つ目は、現状維持のパターン。

2つ目は、経費も広さも現状の半分になるオフィスに移転するパターン。

3つ目は、さらに狭い自社ビルの一室にオフィスを移転するパターンです。

引っ越しや敷金などの移転にかかる費用、それぞれのパターンの水道光熱費等の経費も割り出し、店舗へ移転の赤字減少も加味し、営業損益を計算しました。

その結果、現状維持する場合と本社を移転する場合とでは、毎月100万円近い差が出ることがわかりました。

数字が示す明らかな違いに、さすがのワンマン社長も今までの思いを断ち切り、決断することができました。

数字がわかれば黒字が生まれる

前述したように、数字を出すときには全体の数字だけでなく、あらゆる切り口で見ていくことによって会社の実態がくっきりと浮かび上がってきます。

しかし、全体の数字しか把握できていない会社が少なくありません。

A社も、「売り上げ」を会社全体でしか出していませんでした。「赤字続きで困っている」と言いながら、なぜ赤字が続いているのか、きちんとした分析ができていない状態で、それまで会社を引っ張ってきたワンマン社長もひそかに「最近、自分のやることなすことどうもうまくいかない」と悩んでいました。

A社の経理に確認すると、店舗ごとの売り上げは出していたのですが、部門ごとの数字を出していないということがわかりました。

そこで、焼肉店、居酒屋、喫茶店それぞれの売り上げを出してもらうことにしました。

そこで明らかになったのは、大手チェーンも含めて競争相手が多い居酒屋の赤字が大きく、焼肉店と喫茶店の売り上げは増えているということでした。

この売り上げを伸ばしている2つは地域密着型というA社の強みを活かし、きめ細かいお客様対応を行っていましたし、他社に先駆けて出店していたため、一度定着した固定客をがっちりつかむことにも成功していました。

社長にこの事実を伝えるため、各部門の売り上げの違いをわかりやすく数字で示す資料を作りました。また、今後1年間の売り上げ予測を立て、焼肉店と喫茶店に注力した場合の売上高もしっかりイメージできるようにしました。

それを見た社長は居酒屋の赤字店舗の整理を行い、経営資源を得意分野に集中していくことを決めました。

こうした数字の裏付けがあったことで、社長は自信と確信をもって、経営方針を正しく修正することができたのです。

A社はその後、経営難を脱し、ビジョンを着実に実現しています。

数字は銀行の評価も左右する

会社の規模が大きくなればなるほど、数字を正確に出すことは難しくなってきます。しかし、**数字を正確に出すということは、適切な経営判断を行うための基本中の基本**です。

また、銀行から融資を受けるときには、基本的には決算数値を基に、融資の可否の審査が行われます。決算書の中身によって融資の金額、金利、期間、保証・担保の要否などが査定されるので、会社の資金繰りや利益に直結します。

あるとき、中堅製造業のB社から「稼働状況はフル回転なのに、最終的に利益がそこまで出ていない。その原因がわからないので調べてほしい」と依頼を受けました。

B社ではさらなる設備投資が必要となり、銀行から融資を受けようと計画していたのですが、現状の利益では「格付けランク7」という格付け全体の下から4番目、

総合格付診断早見表

ランク	スコア	債権者区分	内容	格付金利（参考）
1	90～100点	正常先	リスクはない	1.25%
2	80～89点		ほぼリスクはない	1.50%
3	65～79点		リスクは少ない	1.75%
4	50～64点		リスクはあるが良好	2.00%
5	40～49点		リスクはあるが平均的	2.50%
6	25～39点		リスクは高いが許容範囲	3.00%
7	0～24点	要注意先	リスクが高く徹底管理	5.00%
8	返済予定あり	要管理先	警戒先	−
9	返済困難	破綻懸念先	延滞先	−
10	返済不能	実質破綻先	破綻先	−

※注意：実際の格付診断基準は金融機関ごとに異なります

「要注意先」となってしまっており、簡単には融資が受けられない評価を受けてしまっていました。

技術力を売りにしていたB社は現場の職人の力が強い会社でした。

受注したものプラスαの数量の製造指示書が出され、その通りに製造していくルールであるにもかかわらず、「どうせすぐにまた発注される」という職人たちの勝手な判断で、指示書よりも多く製造をするということが日常的に行われていました。

作りすぎた分は当然、在庫として積み上がります。すぐに発注があればいいのですが、なかった場合は現金化されないまま放置され、その間、規格が微妙に変わるなどしたら、すべて廃棄処分となります。製品を無駄にするばかりか、製造にかかった材料費、人件費、電気代、その他の製造経費などなど、その損失はバカになりません。

怖いのは、まとめてたくさんの製品を作ると、工場の稼働率は上がり、一つ一つの単価は下がるため、一見、製造効率が上がったように見えてしまっていたことです。これが「黒字なはずなのに財務が苦しい」という状態につながっていたのでした。

また、社長の話を聞いた限りでは、どうも製造現場の備品の管理がずさんなのが気になりました。

そこで、詳しく調べてみると、非常に多くのアイテムが備品倉庫に山積みされていることがわかりました。

そこにはかなり高額な機材も複数あり、コスト意識が欠けた現状を物語っていました。

たとえば、1個15万円もする道具も、職人に「使うのは1つだけど、予備で持っていたい」と言われるまま、ほとんどノーチェックで購入されていたようです。

「いい道具を使いたい」という職人気質《かたぎ》と、「職人がそう言うのだから必要なのだろう」という社長の職人への尊敬と遠慮がこうした事態を長年に亘り、続けさせたのでしょう。

しかし、このままでは、設備投資に必要な融資を受けることができません。

正確な数字を出すためにも、まずは現状把握です。原材料・在庫・備品を棚卸しすることから始めました。棚卸しなどしたことのない人たちに、そのやり方を教え、備品の管理ルールも改めて構築しました。

また、個々の製品製造コストを正確に示すため、より細かな時間の測定方法や、現場の製造工程の見直しも行いました。

その結果、ずさんな備品管理で生じた備品在庫が500万円以上は圧縮され、不要な在庫の破棄も1000万円単位で進められました。

最初は、「オレたちの領域に手を突っ込むな」と頑なな雰囲気だった職人たちでしたが、「利益に対して、無駄に発注している備品や作りすぎている在庫によりこれだけ無駄が出ており、そのことが経営上の大きな課題になっている」と数字で示すと、会社のルール通りに発注・製造を行う必要性をすぐに理解してくれました。

でも、何より職人たちの態度を変える決め手になったのは、社長の言葉でした。

「みんなのもつ高い技術力で日本のものづくりに貢献したい」

「そして5年後には、日本を背負って、海外進出を果たしたい。そのためには、新たな設備投資が必要なんだ」

「しかし、このままでは融資も受けられない」

会社の進むべき道を示し、「あなたたちが必要だ」「一緒に進んでほしい」と訴えた社長の言葉に、職人たちは熱い共感を示しました。

そして、以前のずさんさが嘘のように、きちんとした備品の発注と指示書通りの製造が行われるようになったのです。

無駄がなくなり、利益率が大きく向上したB社の格付けはランク7の「要注意先」からランク5の「正常先」まで上がり、融資を受ける際の金利も1%以上改善することができました。

新たな設備投資で増産が可能になったB社は、競合他社から一歩抜きん出るとともに、その高い技術力とずば抜けたチームワークで、高い評価を受けています。

経理のひと言で社長は安心して突き進める

B社の社長のように、「世界に貢献したい」というビジョンは誰もが持っていると思います。

そのビジョンを実現するためには、やはり挑戦を続ける「攻めの姿勢」が大切です。

しかし、「ここまでなら大丈夫」という数字の裏付けがないまま、ただ攻め続けるというのでは、あまりにも危険が大きすぎます。

攻めるのであれば、「これ以上行ったら危ない」という「撤退地点」を必ず決めてからでなければなりません。

さもないと、「気がついたら、もう引き返せないほど赤字が膨らんでいた」という事態に陥るなど、ギャンブルのような経営になってしまいます。

新たな挑戦のために倒産してしまったら、今まで培ってきた本丸のビジネスやついてきてくれている社員、取引先、金融機関などにも多大な迷惑をかけてしまいます。

数字に強くない社長は「だいたい3000万円までなら使えるだろう」などと、どんぶり勘定で攻め始めてしまうことも多いのです。

実際に使えるのは1500万円だったとわかったときには、すでに遅く、引きどころを間違えて、大変な損失を被《こうむ》ってしまったりします。

攻めに入る前に、経理からこんなひと言があったら、どうでしょうか。

「今、使えるキャッシュが5000万円ありますから、必要経費を除くと、1500万円までなら大丈夫です」

会社の数字をすべて把握している経理が太鼓判を押した数字なら、間違いありません。

社長も安心して、攻めることができるはずです。

さらに、実際に「攻める」ときにも経理は大いに頼りになります。

ひと口に「攻める」といっても、様々な局面で数字がついて回ります。

新規事業を始めるから人が必要だとなれば、人事コストを計算しなければなりません。初期投資の元はいつ取れるのかということについても、単純にかかった分の経費と売り上げだけを見れば済むということではありません。工場の設備のような大規模なものでは、回収できるまで数十年かかりますから、将来のマーケットの予測、借入金の利率の変動など、数字の出し方も複雑になります。

経理はそうした数字への目配りはもちろん、「好調のとき」「景気が悪いとき」「しばらく様子見する場合」など様々な状況を想定したシミュレーションを作ることもできますから、社長も状況に合わせ、的確な判断が可能になります。

会社の規模や中身が成長するにつれて、たくさんの数字がからみ合ってくるようになります。当然、どんぶり勘定ではうまくいくはずがありません。

脳科学によると、「現状維持でいい」と思った瞬間、脳は手を抜き、劣化を始めるそうです。**「もっと上へ」とさらなる成長を自らに課していないと、人は実は「現状維持」すら保てない。**

会社にとっても、同じことがいえます。

常に、成長を求め、攻めの姿勢でいなければ、会社を存続させていくことができない。そして、社長の勘だけで闇雲《やみくも》に攻めていても、これも会社を存続させていくことができない。

会社を存続させ、成長させるために必要なのは、的確に戦略的に攻めること。それには経理の力は絶対に欠かせないのです。

攻守のバランスを絶妙にとったIT企業

経営には様々な不確定要素がつきものです。

万全の準備をして進んだつもりでも、自然災害など予測できない事態が起これば、計算違いになるということもしばしばです。

そんなときも、支えになってくれるのは、やはり数字です。

ベンチャー企業のC社は、「中小企業の抱えている問題を解決するような商品を作りたい」というビジョンを掲げるソフトウェア開発会社です。

そのビジョンを実現しようと、国の制度が変わるタイミングに合わせて、新たに生じるニーズにマッチするソフトウェアの開発を数年越しで進めていました。C社にとって自信作の商品は、かなりの売り上げを上げることが予測できました。

C社の社長は「これが成功したら、次はあれをしよう。これもできる」とさらに大きなビジョンを抱いていました。

ところがソフトウェアが完成し、いよいよ販売しようとした矢先、東日本大震災が起きました。この未曾有《みぞう》の大災害に関連し、国は予定されていた制度変更を大幅に縮小してしまったのです。

そのため、C社の目論見は大きく外れることになりました。

せっかく完成したソフトウェアでしたが、当初の見込みを大幅に下回る売り上げしか上げられず、開発にかかったコストを回収することができませんでした。

ビジョンを実現するどころか、C社は存続の危機に陥ってしまったのです。

そこで、C社の社長は、とりあえず安定した利益が見込める受託開発業務にシフトすることにしました。しかし、受託開発だけではビジョンを実現することもできません。

C社の社長から今後の経営戦略について相談を受けた私は、自社開発の可能性を探ることにしました。

どんな商品でもそうですが、ソフトウェアを開発しても、それが売れるかどうかは実際に売り出すまではわかりません。

開発には年単位の時間がかかりますから、人件費も含めた開発コストはかなりかさみます。受託開発の利益で自社開発にかかる投資額をコツコツ貯めてからスタートする方法もありますが、それだけでは、自社開発ができるようになるまで、かなりの年数がかかってしまいます。

あるいは、自社開発に必要な借り入れを行い、1年など年数を決めて開発に全精力を集中することもできます。

しかし、開発に遅れはつきものです。この場合、もし開発完了が遅れたらそのまま企業の存続の危機に直面します。また、たとえ無事に開発できても、現金収入が生まれるまでにはさらに半年、1年とかかります。

その間の社員の人件費、家賃、広告費等の資金流出も考慮しなければなりません。販売後のフォローなどメンテナンスも必要なので、それでいつまで持ちこたえられるか、という見極めが求められます。

また、ソフトウェアの場合、技術の進歩のスピードが速いので、開発に3年かかれば、使われている技術は3年前のものになります。そのため、いざ商品が出来上がっても、ユーザーに「古い」と判断されてしまう危険もあります。

しかし、自社開発にこだわりがあるC社の社員のモチベーションを上げるためにも、なんらかの形で自社開発を続ける方法を探る必要がありました。

そこで、C社の社長は社内を受託開発チームと自社開発チームに分けることにしました。小規模の予算で、でも確実に自社開発を進める。その小規模の予算は受託開発チームが稼ぐという方針です。この方法であれば、極端な話、いつまででも開発を続けることができます。

ビジョンばかりを追いかけて、会社がつぶれてしまっては元も子もありません。かといって、会社をつぶさないためにやりたいことができないというのも、会社の存在意義が問われます。

C社は経営モデルの方針転換によって、この2つの難しいバランスを取ることに成功しました。

「小さく始める自社開発」という戦略が功を奏し、現在のC社は中小企業向けのソフトウェアを次々に開発しています。困難な状況でも、数字を見極めることで、C社は効果的に攻めることができたのです。

「攻める経理」の効果を全社に広げる2つのポイント

「攻める経理」を実践していき、その効果を全社に広げていくために、特にポイントとなるのが、「時間あたり付加価値」、そして「KPI」です。

第2章でも話しましたが「時間あたり付加価値」とは「全社で社員1人が1時間あたりに生み出す付加価値」であり、社員が1時間あたりにどれだけの価値を生み出したかということがわかる数字です。

簡単な方法としては、粗利益を総労働時間数（バックオフィスなど直接利益を生まない部署も含めての全社員の労働時間合計）で割って出します。

健康診断の数値が正常かどうか、あるいは前年と比べてどう変化したかなどが示されれば、体の状態が明らかになり、「どこも悪くないと思っていたのに、実は去年よりコレステロール値が上がっていた」と、改善すべき点も明確になります。

それと同じように、「時間あたり付加価値」という数字を出すことで、会社の生産性の実態を正確に把握することができ、「みんな忙しそうに必死に頑張っているのに、意外と生産性が低いのはどうしてなのか」などと対策を考えることができます。

これは、全体の売り上げだけ見ているのでは気づくことができません。

もし「儲《もう》かっていると思っていたのに、それほど利益が出ていない」というなら、一度、全社員の「時間あたり付加価値」を出してみることをおすすめします。


WHO（世界保健機関）のデータによると、米国では社員それぞれの心配事や悩みなどによって落ちた生産効率による経済損失は年間300億ドル、日本円に直すと、約30兆円にものぼります。

これは車にたとえると、常にブレーキを踏みながら高速道路を走っているような状態です。

それでは、社員はせいぜい5割ぐらいの力しか発揮できません。

社員が100人いたら100通りの心配事や悩みがあるでしょう。

「業績を上げているのに上司が評価しない」「クレーム対応に追われて消耗しきっている」「給料が安い」「残業したくない」「ノルマを達成しても、さらに高いノルマが課せられるうちに燃え尽きてしまった」などなど。

他にも、職場の人間関係の悩みや家庭・恋愛などプライベートの問題、お金の悩みなど個々の社員の悩み、不安は実に多く、仕事に集中できない理由はそれこそ山のようにあります。

社員の心身の健康状態は、そのまま仕事の生産性に直結しています。**社長は社員の心身の健康状態を少しでも改善していくために、あらゆる方法で力を尽くすべき**なのです。

第3章で、急激に人を増やしすぎて大量離職を招いた、私の苦い経験についてお話ししました。

大量離職の状況は、「悩みを抱えながらもなんとか仕事をする」という状態を超え「もうここでは働きたくない」という状態が続いていることを意味します。社員のこのような心身の状態は生産性も著しく阻害します。

早速、弊社の全社員の「時間あたり付加価値」を出しました。

本当はもっと早くから出していなければならない数字だったのですが、売り上げが上がっていたことだけに満足し、そこまで気が回りませんでした。気づかないうちに、私の中に慢心があったのかもしれません。

そして意外なことがわかったのです。

２０１１年から２０１８年までの動向を次ページのグラフにまとめてみました。

２０１１年　３５８２円
２０１２年　４５８９円
２０１３年　３７７０円
２０１４年　２８１６円
２０１５年　２７９８円
２０１６年　２３４０円
２０１７年　３２１３円
２０１８年　４１８７円

２０１８年の４１８７円は決して高い水準ではないので、少々恥ずかしいのですが、

時間あたり付加価値の推移

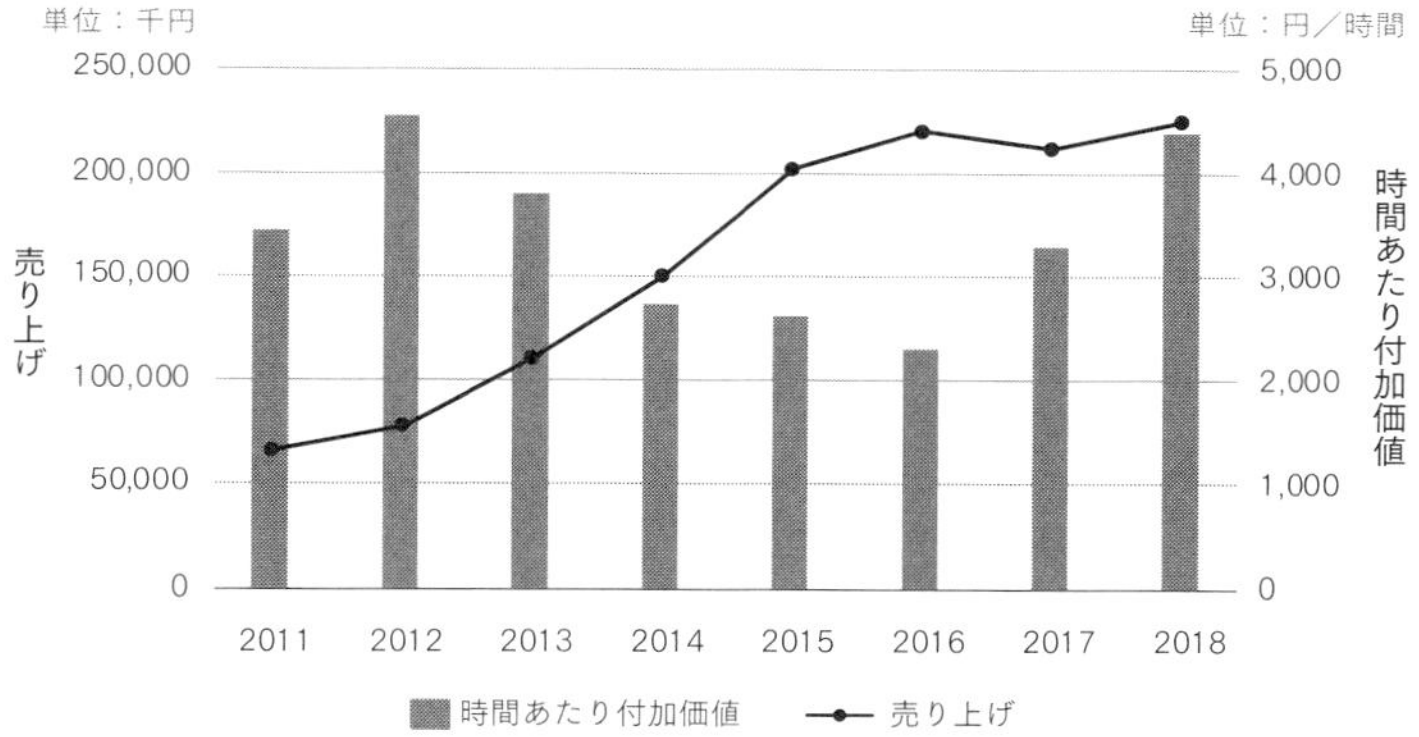

それはさておき。

実は、弊社の社員数が最大だったのは２０１５年11月の55人でした。そのとき、人数と売り上げの数字だけ見ていた私は「２０２０年までに社員１００人、年商１００億円」という目標に順調に近づいていると、単純に喜んでいたのです。

しかし実態は、社員数が増えるにつれ、「時間あたり付加価値」がみるみる下がっていました。

社員数（年間平均）が12人だった２０１２年のほうが、46人いた２０１６年よりも２３００円近く高かったことをこのとき初めて知り、大きなショックを受けました。

「自分は大きな勘違いをしていたのでは

ないか」

このときはすでに「社員100人、年商100億円」という目標を捨てざるを得ない状況でしたが、この数字は私の根本的な考えを改める大きなきっかけになりました。

ちなみに、「時間あたり付加価値」が最低だった2016年は、社員が次々に辞めていった時期に重なります。

その後、効率化を進め、社員が行うルーティンワークを最小化していくにつれ、人数は少なくても業務が回せるようになったことが「時間あたり付加価値」が伸びていった要因だと思います。

このことに気づいた私は「たくさんの人を採用して、どんどん売り上げを上げて、オフィスも拡大、拠点も拡大」という大量生産・大量消費モデルから脱却すべきと感じました。

そして、「社員100人、年商100億円」といった数字には魅力を感じなくなり、自然と手放すことができました。

今、新たな目標となっているのは「時間あたり付加価値」を1万円にすることです。

今の状況からすると2倍以上にする必要があるため、高めの目標ではありますが、十分に実現可能だということを近い将来、必ず証明できると思います。

「時間あたり付加価値」のこれからの上げ方

私自身がそうだったように、売り上げだけを見て「時間あたり付加価値」を見ていないという会社は多いのではないかと思います。

「時間あたり付加価値」とは、要するに「自社の活動によって生み出された付加価値の総額÷自社の社員がそのためにかけた時間」という計算式です。

昨今言われる「働き方改革」「生産性」などにも関係しますが、働いている時間を減らせば分母を減らすことができます。

これを言い換えると、これまで本書で述べてきた「最も効率的に数字を作る」ことであり、自動化、ＡＩ化、標準化、アウトソーシングなどを進めていくことで実現します。

一方、分子の付加価値を上げるには「売り上げを上げること」です。

ここで気をつけていただきたいことがあります。

お話ししてきた通り、「時間あたり付加価値」は社員それぞれの生産性を浮き彫りにする数字です。そのため、つい一切の無駄を排除し、効率を上げることばかりに目がいってしまいがちです。全社員が1分1秒も無駄にせず１００％の集中力で業務に集中すると、生産性はＭＡＸに上がるようにも思います。

ですが、本当にそうでしょうか。

その状態はまさしく人間が機械のような状態になることを示してはいないでしょうか。

今までの大量生産・大量消費の時代であれば、金太郎飴《あめ》のように全く同じことを少しでも早くできる人間を育成することが正解でした。

でも、これからは質の時代になっていきます。生産性向上だけを徹底的に追求する時代は終わっているのです。

Googleでは「通常業務と異なることに勤務時間の20％を使う」というルールを導入していると聞きます。

今、目の前にあるプロダクトにだけ集中するよりも、ゆとりの時間をもつことで、イノベーションが生まれ、新たな価値を創造できると確信しているからこそ、このルールを実施しているのだと思います。

その結果、分子である売り上げが想像もしない形で大きく上がることが起きています。

これからは様々な気づき、アイディア、イノベーションを生み出す「ゆとり」が価値をもつ時代です。

そして、この「時間あたり付加価値」を上げていくプロセスは、全社員で1つのビジョンに向かっていくプロセスと同じものになります。

「KPI」で社員にエンジンをかける

「攻める経理」の効果を全社に広げるポイントの2つ目は「KPI」です。

KPIとは「Key Performance Indication」のことで「行動指標」ともいわれます。毎日の業務は、会社のビジョンを実現するためのものです。とはいえ、ビジョンは遠くにあり、目の前にある毎日の業務との関連性はどうしても薄れがちです。

それを防ぎ、常にビジョンを意識して業務に取り組めるよう、弊社では「経営戦略シート」というビジョンに向けた行動計画をまとめるシートを作っています。

シートの一番上にはビジョンとそれに向かうためのミッションが記入されています。

次の段には、それを達成するための6つ（いくつでも大丈夫です）の戦略的目標を設定します（STEP❶）今年のテーマに分解します。6つのテーマにはそれぞれリーダーとメンバーと、さらにＫＧＩ「Key Goal Indication」を定め、記入します（ＳＴＥＰ❷）。ＫＧＩはそれぞれのテーマが「達成した」かどうかを示す基準となる指標です。

次に、ＫＧＩを達成するための複数の活動群に分け、その活動群ごとにＫＰＩを設定します（ＳＴＥＰ❸）。最後にＫＰＩを達成すべく、細かな行動計画を作ります（ＳＴＥＰ❹）。行動計画には「誰が」「いつ」「どんな行動」をするかまで細かく具体的に落とし込んでいきます。

このシートで、社員は「今、自分がしていることがビジョンにどうつながっていくのか」が明確にわかるようになります。

同時に「やらなくてはいけないこと」、それを「できたのか、できなかったのか」も分かります。

たとえば、ＫＰＩとして「4月に10件訪問する」と定め、それに向けて行動計画を立てます。結果として8件の訪問だったら、ＫＰＩは「2件未達」だったということです。

なぜ「2件未達」だったのかを振り返り、次につなげる。ここでは「ＰＤＣＡ」を用います。

経営戦略シート

STEP①
戦略的目標（課題）の設定

STEP②
KGIの設定

STEP④
行動計画の設定

STEP③
KPIの設定

戦略的目標	数値目標	備考	行動計画	ステータス	期日	責任者	実行者
【1】効率化 最も効率的に数字を作る	【KGI】						
	ロ一人当たり時間単価	所員の一人当たりの時間単価5,000円を達成する					
	【KPI】						
	A.担当役割分担制の導入率：100%	顧客1社に対し、2人担当制をとり、メイン担当とサブ担当で業務の役割分担を実施。年末までに100%の導入率を目標とする	A-1.役割の明文化（メイン・アシスタント・アルバイトそれぞれの役割）	Done	2/28	代表	和歌
			A-2.ペアの決定	Done	3/21	代表	白鳥
			A-3.社内向け新制度リリース、調整	Done	4/13	代表	和歌
			A-4.席替え	Done	5/18	代表	和歌
			A-5.月1の運用・導入率管理	未	毎月	代表	和歌
			A-6.一人20件顧客リリース・挨拶実施（6人×20件=120件）	未	6/30	代表	白鳥
	B業務効率ツールの完成	アクセスの作成	B-1.完成図の作成	Done	-	代表	住吉
			B-2.作成	Done	-	代表	住吉
			B-3.テスト運用	Done	3/31	代表	住吉
			B-4.全社への展開	Done	4/30	代表	住吉
			B-5.改修（以降随時改修）	未	6/30	代表	住吉
			B-6.効果測定	未	7/31	代表	住吉
	C報告書規定FMT使用率：100%		C-1.FMT作成	オンタイム	3/31→5/31	代表	代表
			C-2.社内へのリリース	未	4/30→5/31	代表	
			C-3.顧客別変更スケジュール（優先度）の作成	未	4/30→6/15	代表	メイン担当
			C-4.お客様へのリリース	未	6/30→7/31	代表	代表
			C-5.効果測定	未	9/30	代表	
			C-6.変更完了	未	12/31	代表	

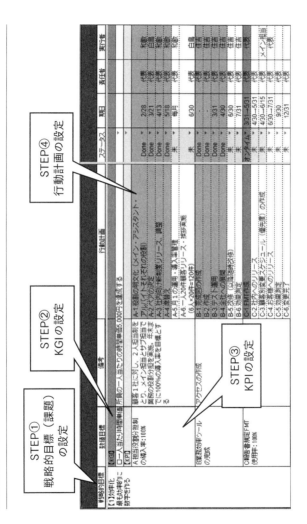

「ＰＤＣＡ」はご存じの方も多いと思いますが、Ｐは「Plan」、Ｄは「Do」、Ｃは「Check」、Ａは「Action」を意味します。

先ほどのＫＰＩを達成するようなＰ（行動計画）を作り、Ｄ（行動）を実践し、Ｃ（チェック）で実践できたか確認し、さらにＡ（改善して次の行動につなげる）を繰り返していくのです。

ＫＰＩは部門や社員それぞれに異なります。そのため、それぞれが自分のＫＰＩを把握していなければ意味がありません。

そして、何より大事なのはそれがすべて「会社のビジョンにつながっている」ということです。

ＫＰＩをきちんと把握していれば、「なぜ今、自分はこの行動を取る必要があるのか？」がわかり、それがビジョンに向かう1歩だということを毎日、毎時間、実感できるのです。

弊社ではこの「経営戦略シート」の効果で、「この行動はビジョンと異なるのでは？」「このＫＰＩ設定よりも別の設定のほうがよりビジョンに近づくのでは？」など、社員のほうから意見が出るようになりました。それによる軌道修正も一度や二度ではありません。

私は今、「私が掲げるビジョンが私だけのものではなく、社員全員のものになった」と実感できるようになりました。

そしてここで、経理からの数字が大きな威力を発揮します。**ビジョンに向けた行動は経営上のどこかの数字にほぼ１００％影響を与える**からです。

ＫＰＩを達成すれば、売り上げは上がります。

経理担当者は各社員のＫＰＩがどのように会社の数字に反映されたのかを把握して、それをそれぞれに伝えてほしいのです。それができれば、社員のモチベーションはさらに上がり、会社全体にエンジンをかけることができます。

数字は方向転換の道も照らす

経理は単に決算書や数字を作るだけではなく、数字を理解できる「プロ」です。そうした意識さえもてば、決算書の数字が発信するメッセージを受け取れ、その意味に気づくことができます。

たとえば、量から質へのビジネスのシフトチェンジを行う場合、シフトチェンジの際に生じるビジネス上のひずみは経営リスクになります。このリスクは、決算書のビフォー、アフターを見比べ、慎重に計画することで回避することができ、安全なシフトチェンジが可能になります。

私が担当するD社というアパレル会社で、以前、こんなことがありました。

この会社は、商品の製造と卸を兼ねていました。そして商品の価格を高めに設定し、「大量に作って、大量に売る」という路線を取っていました。

高価格戦略の場合、少数販売路線を取るのが定石なのですが、大量生産・大量販売路線のため、借入金も多額に膨らんでいました。

製造に必要な資金を得るための借り入れも多額でしたし、製造・販売に要する人件費もバカになりません。また、毎年大量の在庫を抱えていたので、倉庫代も高額でした。

そして、シーズン終わりには決まって売れ残った商品をバーゲンセールで叩き売る。これが粗利率の低さにつながっていました。

私がコンサルに入ったとき、月次決算でも年末までは安定的に黒字ですが、年明けは苦しいタイミングで赤字の月も出てきていました。大量に服を作るため動くお金も大きく、その振れ幅が大きいのも気になりました。

たとえば何かで消費行動が変わり、バーゲンで思うような販売実績を得られなければ、赤字も予想以上に大きくなってしまいます。時には資金を借りるために社屋を担保にしなければならなかったそうです。

何より「在庫が多い」ということは銀行にとってはリスクであり、それが会社の信用価値を下げることにつながっていました。

金融機関によっては業界標準の在庫回転率（売り上げ÷在庫）の1・5倍以上になると「不良在庫」とみなしてしまうケースもあります。そのため、融資を受けるための評価が大変低くなり、借り入れをしたくても思うような金額を融通してもらえないという事態になってしまっていました。

商品がすべて定価で売れれば問題ありませんが、実際は半分以上をバーゲンで大幅に値引きしているのです。大変効率が悪いと感じました。

せっかくいい服を作り、高い値段をつけても、それをバーゲンで売らなければならないとなると、社員のモチベーションも下がりがちです。

社長に詳しく話を聞いていくと、「価格帯を高めに設定して、ブランドイメージを向上させる」「大量生産・大量販売」というのは、先代の社長の方針だということがわかりました。

その方針でこれまで会社を成長させてきたという経緯もあるので、代替わりした現社長としてはなかなか方針転換ができなかったというのです。

現社長は「全社員が胸を張ってお客様におすすめできるような、本当にいいものを作りたい。そして、それを本当に『欲しい』と言ってくれるお客様の分だけ作って売りたい」という思いをもっていました。

これまでの方針とは真逆のスモールビジネス、売り上げを下げるという戦略への大転換です。

この大きな変革を、起こり得るあらゆるリスクを想定し準備して、スムーズに進めていかなければなりません。

まず最初の取り組みは在庫の圧縮でした。

大量生産・大量販売というビジネスモデルは売れ残り在庫が多く発生する前提です。作る量を減らすことはもちろん、現在残っている在庫も減らしていく必要があります。

売れ残った商品の中には2年前のものもあり、もはや仕入れ値より安くしないと売れません。たとえば、1万円で仕入れた商品を5000円で売ると、売れば売るほど赤字が膨らみます。

数字に裏付けられた計画を立てるのは、数字のプロである経理の出番です。経理からはそのとき、決算まで4ヶ月というタイミングで「800万円まで損失を出しても大丈夫」と報告を受けました。この金額は在庫を60%引きにしても問題ないとわかります。

その結果、思い切った値下げが可能になっただけでなく、バーゲン売り場に立つ社員も安心して売ることができました。

さらには、この在庫処分が新たな路線への転換のためと思えたことで、販売にも熱が入り、在庫を一気に減らすことに成功。これにより、倉庫代もぐんと安くすることができました。

次に販路の再検証を行い、委託販売など手間がかかる割にあまり売れない手法を思い切って捨てることにしました。これは売り上げを減らす勇気のいる決断でしたが、「利益率の低い委託販売の1000万円の売り上げは、直販の500万円の売り上げでカバーできる」という経理からの報告が決め手となりました。

その代わり、展示会やネット通販など、「本当に欲しい方」に直接届けることができる方向を積極的に進めています。

このような製造・在庫・販売の総合的な見直しにより、粗利率は格段に良くなり、BS（貸借対照表）も大きく改善されました。

本当に欲しい人にだけ売るので、当然、定価で買ってもらえます。それが確実な現金収入につながり、会社にお金が回り始め、開発費やデザイン費にも今まで以上にコストをかけられるようになっていきました。

何より、「安いから買う」のではなく、「本当にこの服が気に入ったから買う」というお客様を相手にしていることで、社員のモチベーションが上がります。

D社の決算書はパワフルな好循環が動き始めたことを高らかに宣言していました。銀行の評価も高くなり、借り入れ金も年間2000万円のペースで圧縮も進めつつ、いざ借りたいときには借り入れ自体がしやすい状態です。社長は「次の一手」を打とうと思えば、いつでも打つことができるでしょう。

さらに、次なるビジョンと現在の強みを数字で示せば、銀行が「NO」と言うわけがありません。

決算書は会社の未来への道しるべ

決算書がビジネスの写し鏡であるということは、角度を変えてみれば、現在のみならず未来を示唆し、戦略を構築する図面として活用できるということです。

私たちがお客様にすすめていることに「未来の決算書作り」があります。

社長は「ゆくゆくはこんな会社にしたい」「こういうビジネスをやっていきたい」と、それぞれ夢を持っていると思います。

その夢を実現するためには何をすればいいのかということは、日々、目の前のことに一生懸命になっているだけでは、なかなか気づくことができません。もちろん、行き当たりばったりで闇雲に突き進んでも、夢のゴールにはたどりつけないでしょう。

そして、いつの間にか、ただ仕事に忙しく追われるだけになってしまい、夢に向かうことさえ忘れてしまいます。だからこそ、数字の力を使うのです。

「未来の決算書」には、夢が現実になったときの数字とともに、必ず期日を加えます。そして、それを達成するためには3年先、5年先にはどんな状態の決算書であることが望ましいのか、その数字に近づけるためには、年度ごとに何が過不足となるのかなどの予測を立てていきます。

売り上げや収益だけでなく、従業員数や店舗・事業所の増加、設備投資、海外進出など、あらゆる可能性を具体的にイメージし、同時に数字的な仮定として落とし込んでいくのです。この一連の予測を元に完成するのが「夢を描いた未来の決算書」となります。

この「未来の決算書作り」によって、経営者は数字的なリアリティを実感することができ、先々のアクションプランを数字から発想することができます。

つまり、「未来の決算書」は、夢を実現するための設計図なのです。

とはいえ、「毎日忙しくて、そんなもの、作れないよ」という人もいるかもしれません。

あるいは、「頑張って作ってみたけど、作っただけで、後は見直しもしていない」ということもあるでしょう。

しかし、それでは夢を実現することなどできません。

創業当初は「こんな会社にしたい」「ビジネスでこんなことを実現したい」という夢を語っていたのに、日々の忙しさに追われているうちに、抱いていたはずの夢を忘れてしまう。残念ながら、これは非常によくあるパターンです。

私はお客様である社長の会社の創業記念日には、毎年ちょっとした贈り物をお届けしています。

創業記念日は「会社の誕生日」です。それなのに、会社の誰もが忘れてしまっていることが多いです。

サプライズなので届いたときには、「どうして花束が?」と首をかしげていたお客様も理由をお伝えすると、「それでは一緒に頑張ってくれている社員と飲みに行こうか」などと、今までの会社の歴史を振り返ったり、創業時の気持ちを思い出し、夢に向かう思いを新たにしてくださいます。

日本中の社長が次々と夢を実現することができれば、日本は大きく変わるでしょう。

そして、**夢を叶えるために必要不可欠なのが「攻める経理」とそれがもたらす数字**です。

ビジョンを的確に示す数字。

ビジョンを説得力をもって、全社員に共有させる数字。

「ビジョンに向かっているのだ」と1人1人が日々確認することができる数字。

社員1人1人の生産性を明確にしてくれる数字。

社員に業務の価値を伝え、モチベーションを上げてくれる数字。

問題点を教えてくれる数字。

決断に「確信」を与えてくれる数字。

攻めの経営に「裏付け」という安心をくれる数字。


数字が活躍する場面はまだまだ、まだまだあります。

数字はあなたに使ってもらいたがっています。数字からのメッセージをもっと汲《く》み取るためにも、経理担当者にはゆとりがなければいけません。

ＡＩをはじめとするテクノロジーを仲間にして、「経理の効率化」を1日も早く進めること。

それがビジョン、夢への第1歩となるのです。

おわりに

熱い思いを数字に込めて

社長の夢の応援団

最後に、私自身のビジョンについてお話ししたいと思います。

「社長の夢の全力応援団」

それは、創業以来、ずっと変わることのない指標です。

応援は様々な形がありますが、多くは経営上の悩みに対してできる限りのサポートをすることです。

社長は主に、お金の悩みと人間関係の悩みで苦しんでいます。

そんな社長さんたちのために、私は当初、「お金の悩みの専門家」として知識・スキルを磨き続けていました。

ところが、売り上げも好調、利益も順調、資産も積み上げてきている……と、お金の悩みはすっかり解消したはずの社長でも、人間関係の悩みは一向に解消されず、困難・壁にぶつかって苦しんでいることが少なくありません。

コミュニケーション不足によるちょっとしたすれ違いが徐々に膨れ上がり、やがて大きな溝を生み、社内全体の人間関係がぎくしゃくしてしまう。そんな不幸な状態を抱えている会社は思った以上に多いのです。

そんな姿を目の当たりにしていると、会計事務所だからといってお金の悩みに限定する必要はない。本当に困っているのであればお金以外の悩みについても応援したい、と考えるようになりました。

2019年の弊社のテーマは、

「会計事務所だから」から「会計事務所なのに」へのシフトチェンジです。

その柱となるのは「お役立ち事業部」の始業です。

お役立ち事業部では、お金以外の社長の悩みを聞いてまわり、どんな解決方法があるか、どのような応援ができるかを考えてサポートしています。

登山から経営を学ぶ

現在、私は組織開発から人材育成まで企業を幅広くサポートするワールドユーアカデミーで「ビジョンを実現する経営」を学んでいます。

その中に、経営者仲間でカナディアンロッキー登山をするという研修があります。マウントテンプルというかなり険しい山にも挑戦しましたが、そこでの学びは本当に大きいものでした。

1歩1歩、歩いていくことでいつの間にかゴールにたどり着くこと。

歩いているときは足元しか見られないけれども、時々立ち止まって見上げると全体像が見えること。

頂上まで残り10メートルで、すでに「最高の景色だなー！」と感動していても、頂上に登った瞬間、３６０度の視界が広がる別世界に包まれ、言葉を失ったこと。

たった10メートルでも、頂上手前と頂上では全く世界が異なるのです。頂上から見えるものと、登山中に見ているものは全く違う。下からでは見えなかったものが、山頂からはとてもよく見えるのです。

そして、同じ目的地を目指していれば、1つのチームになれること。

登山を通して本当に様々な学びを得ました。

経営に置き換えると、社長は山頂からの視座を持たなければ判断を誤ってしまうということがよくわかりました。

高みを目指してもいきなりは到達できない。でも、目の前のこと、今できること、小さな1歩を積み上げていけば、いつかは必ず高みに到達できる。

そして、それには目指すべきゴール、ビジョンを共有するチームが大きな力になることが身にしみて分かりました。

山を登りながら、もう1つ、考えたことがあります。

道程の厳しさは誰にとっても平等に厳しいもの。それを楽しんで進むのか、苦しんで進むのか。それによって、得るものが大きく変わってくるということです。

会計事務所は今、難しい時代に入りつつあります。

ＡＩ時代の到来などにより、会計事務所がこれまで売りにしてきたスキルの多くが「人間がやらなくてもいいもの」になりつつあります。

多くの情報が飛び交う中、経営者として様々な決断を下すことに「迷いがない」とは言えません。

カナダ登山

「社長の夢の全力応援団」というビジョンを実現するにはどうすればいいのか。

経営課題にどう向き合うか。

そして、自分自身はどうあるべきか。

様々なリスクやメリットを思考し、大いに迷いながら決断する日々です。

ワールドユーアカデミーには、新世代の経営者が集《つど》い、それぞれが体験した経営の苦悩や困難をどのようにして乗り越えたかを赤裸々に語る「ヒーローズクラブ」という集いがあります。

本書の中でもお話ししましたが、社員の離職が相次いだときには「こんなはずではなかったのに……」と、すごく落ち込みました。そんなときに、励ましてくれたり、アドバイスをもらったり、笑わせてくれたのはここで出会った経営者の仲間でした。

おかげで現在は落ち着きを取り戻し、今はその経験をプラスにし、会社をより良くするための転機になったととらえることができるようになりました。

同じ苦労でもただの苦労とするか、教訓とするかでその後が大きく変わります。

どうせ苦労するなら、前向きに受け止めていきたい。

山と仲間たちからそんなことも学びました。

最後にモノを言うのは「人の思い」

本書では「経理の効率化」の重要性について繰り返し述べてきました。でも、こうした学びにより、今では「効率化だけでは埋められないものもある」ということにも気づくことができました。

いくらテクノロジーを導入して、経理を効率化し、「攻める経理」を追求しても、それで社内がギスギスしたり、社員が「もうついていけない」という気持ちになってしまったりするのだとしたら、それは「何かが違う」ということです。

もっといえば、**究極の効率化を目指してＡＩに経理をすべて任せたとしても、やはり最後の大事なところは人でなければならない**と思います。

ＡＩが出す答えはすばやく、１００％に近い確率で正しいかもしれません。

しかし、出てきた数字に同じビジョンに向かう気持ちを込められるのは、人間だからできることなのです。

たとえば、経理は厳しいことを社長に言わなければならない場面があります。

「X店とY店は閉鎖して、少なくとも10人は解雇しなければ、会社は存続できません」

そんなネガティブな進言をＡＩが伝えたとしたら。

それがいくら精度100％の数字であっても、人は心情的に受け入れられないのではないでしょうか。

一方で、これまで同じビジョンに向かって気持ちを一つにしてやってきた経理担当者に、

「10人を解雇するということがどれほど社長にとってつらいことか、わかります。でも、ここを乗り越えれば、絶対になんとかなります。私は最後までついていきます。一緒に乗り越えましょう」

と言われたらどうでしょうか？

会社という船を全責任を負って動かさなければならない社長は孤独なものです。けれども、どんな荒波に揉《も》まれても、同じ目的地を目指して一緒に船を動かす仲間の存在があれば、社長は気持ちを奮い立たせることができます。

「テクノロジーは仲間」と言いましたが、残念ながらテクノロジーは数字に思いを込めることはできません。

ビジョンを共有し、互いに強みを発揮し合い、強い信頼で結ばれている経理をはじめとする社員たちの存在。

会社という船がそんな仲間で溢《あふ》れていれば、社長にとって、どんなに心強いことでしょう。

社長の思いを言葉にしよう

そして、そうした社長と仲間を結び、会社という船を動かす原動力となるのが、「この会社で絶対に実現したいビジョンがある！」という社長の強い思いです。

その思いを社員に繰り返し、何度でも伝えましょう。

私自身、苦しいときには「社長の夢の全力応援団」というビジョンに共感してくれる社員たちに本当に助けられました。

社員たちと屋久島に行ったときの話です。

「正直ベースでとことん話そう！」と、社員たちと一晩飲み明かしました。無礼講で遠慮ない言葉が交わされていく中、ある社員から「どうして最近、ビジョンの話をしてくれないんですか？　社長のビジョンが好きだから、この会社に入ったんです」と言われました。

その頃の私はまだ大量離職のショックを引きずり、ビジョンを語るのをあきらめてしまっていました。

ところが、大量離職の大ピンチを全力で助けてくれた社員が「もっとビジョンを語ってほしいんです」と訴えてきたのです。「私の話は届いていていたんだ」と、あまりの嬉しさに涙が止まりませんでした。

どんなに立派な、大きなビジョンを描いていても、言葉にして伝えなければ、相手には届きません。

でも言葉にすれば、一度では届かないかもしれないけれど、やり方、伝え方を変えなければいけないかもしれないけれど、確実に相手に届く日が来る。

そうしてできた仲間はビジネスだけでなく、あなたの人生にとって、何者にも代えがたい存在になるはずです。

私自身、そうした仲間たちと、この先、どんなに険しい道が待っていても楽しみながらともに同じビジョンに向かって歩み続けたい。

そんな熱い気持ちが今、何よりの力になっています。

日本中の社長を元気にするために

すでに繰り返し述べてきたように、会計事務所の役割の大半は早晩、機械に置き換わっていくでしょう。

まさに「険しい道」はもう待ったなしのところに迫ってきています。

そのとき、社会に対して会計事務所がどんな貢献をして、どんな新たな価値を生み出すのか。その意識が我々、会計のプロフェッショナルにとって非常に重要だと思っています。

中小企業の社長の相談相手の圧倒的ナンバーワンは会計士・税理士です。

そうした会計士・税理士の特別なポジションを活かすことで、お客様に対して数字以外の様々な応援ができると確信しています。

会計事務所に行って会計士・税理士に会うと最高に元気になるし、なんでも相談できて、困りごとがどんどん解消する。会社が元気になって、当然、業績も良くなる。

こういうことは機械にも、ＡＩにもできません。

もし、会計事務所がすっかり機械に置き換わってしまったら、社長の相談相手がいなくなってしまいます。

社長がビジョンに向けて走り出そうとしているときに、誰にも話すことができず、誰からも応援されないままだったら、どうでしょう。すぐに迷い道にはまり、堂々めぐりを繰り返し、1歩も進めないいまま、ガス欠になってしまうのではないでしょうか。

これからの会計事務所は、「社長を応援する」「会社を元気にする」というところで新たな貢献を行い、確かな価値を生み出し、多くの社長の悩みを解消する役割を担っていくべきだと考えています。

人間にしかできない「社長の夢の全力応援団」として、会計事務所を改めてブランディングしたい。それが私の夢です。

本書でこれまで述べてきた「攻める経理」が、この本を手に取ってくれたあなたの夢の実現の1歩となることを、心から願っています。

一緒に、夢に向かって、突き進んでいきましょう。

最後に、今回、このような機会をいただきましたフォレスト出版の杉浦彩乃さん、天才工場の吉田浩さん、本当にありがとうございました。

執筆にあたっては、並々ならぬご尽力をいただきました秦まゆなさん、加藤裕子さんに改めて謝意を示したいと思います。

また、いつもお世話になっているお客様、全力応援団の仲間である社員、社員の家族のみなさん、ヒーローズクラブの方々、みなさんのおかげで、苦しいときも楽しいときも笑い合いながら成長させていただいています。

この場を借りて、深く御礼を申し上げたいと思います。

令和元年5月吉日

税理士法人町田パートナーズ　代表
町田孝治

【著者プロフィール】

町田孝治　Takaharu Machida

公認会計士、税理士、行政書士、税理士法人　町田パートナーズ　代表社員、町田公認会計士事務所　代表、千葉商科大学会計ファイナンス研究科　客員講師。

1975年4月23日、埼玉県所沢市生まれ。父は税理士事務所を経営。早稲田大学理工学部に進学し、業務効率化、プログラミング、統計学を学ぶ。父の事務所は兄が継ぐことが決まっていたことから、「自分は違う道」と思っていたが、勉強してみるとおもしろくて夢中になり、大学3年から会計士の勉強を始める。大学4年になる4月、父が肺がんで急逝。大学卒業後、公認会計士試験二次試験に合格。

有限責任監査法人トーマツに入社。順調に出世し、メガバンクとグループ会社5社を担当。監査人はクライアントから独立しなければならず、クライアントと仲良くなりすぎることは厳禁。アドバイスしたいことがあっても自由にはできない。「もっとお客様の立場に立って仕事がしたい。目の前の人を幸せにするために自分の力を100%出し切りたい」と退社を決意。6年間の会計監査人としての生活に別れを告げる。退社後、半年間、海外放浪の旅に出てヨーロッパを周遊。

その後2006年、31歳で「町田公認会計士・税理士事務所」を吉祥寺に開業。「社長の夢の全力応援団」というミッションを掲げ、10年間で延べ1000社の経理を担当、顧問先売り上げはトータルで500億円を超える。理系の会計士・税理士という独自性とトーマツ時代の経験を武器に、「赤字の会社を黒字にするため、経理の最適化を図るプロフェッショナル」としての姿勢を確立。

現在は、経理がAI化・自動化した先の会計事務所、「社長の夢の応援団」のミッションとして社長が抱えるお金の悩みだけでなく、人間関係の悩みも解消できるサポート体制を確立。新世代の経営者が集うワールドユーアカデミー「ヒーローズクラブ」に在籍し、異分野の経営者とともに日々、研鑽に励み、次世代の会計事務所像を形にするため奔走している。

〈税理士法人　町田パートナーズ〉
http://www.machidakaikei.info

編集協力／吉田浩（株式会社天才工場）
奏まゆな
加藤浩子

ブックデザイン／山田知子（chichols）
装画／松枝尚嗣
DTP／山口良二

会社のお金を増やす　攻める経理

2019年6月3日　初版発行

著　者　町田孝治
発行者　太田　宏
発行所　フォレスト出版株式会社
〒162-0824 東京都新宿区揚場町2-18　白宝ビル5F
電話　03-5229-5750（営業）
03-5229-5757（編集）
URL　http://www.forestpub.co.jp

印刷・製本　日経印刷株式会社

ISBN978-4-86680-037-0　Printed in Japan

FREE!

『会社のお金を増やす 攻める経理』

読者無料プレゼント

利益を生む経理になるための無料プレゼント!

“攻める経理” の心得と実践のコツ 動画

本書の著者である町田孝治氏が、新時代にふさわしい経理の姿を語ります。AI、クラウド、キャッシュレスなどお金を取り巻く環境が大きく変わっている今だからこそ求められる、“攻める経理” の心得と実践のコツについて、町田氏が直接伝授します。撮りおろしのスペシャル動画です。

この無料プレゼントを入手するには
コチラへアクセスしてください

http://frstp.jp/keiri

※特典は、WEB上で公開するものであり、冊子やDVDなどをお送りするものではありません。

※上記無料プレゼントのご提供は予告なく終了となる場合がございます。あらかじめご了承ください。

フォレスト出版